ASSATA SHAKUR EN
LA ISLA DEL DIABLO

COLECCIÓN CANIQUÍ

EDICIONES UNIVERSAL, Miami, Florida, 2016

Roberto Luque Escalona

ASSATA SHAKUR EN
LA ISLA DEL DIABLO

...EDICIONES UNIVERSAL

Copyright © 2016 by Roberto Luque Escalona

Primera edición, 2016

EDICIONES UNIVERSAL
P.O. Box 450353 (Shenandoah Station)
Miami, FL 33245-0353. USA
e-mail: ediciones@ediciones.com
http://www.ediciones.com
Fundada en 1965

Library of Congress Catalog Card No.: 2016931023
ISBN-10: 1-59388-277-7
ISBN-13: 978-1-59388-277-8

Diseño de la cubierta: Luis García Fresquet

En la portada foto de la estatua de
Lucifer en el Capitolio Nacional de Cuba

Todos los derechos
son reservados. Ninguna parte de
este libro puede ser reproducida o transmitida
en ninguna forma o por ningún medio electrónico o mecánico,
incluyendo fotocopiadoras, grabadoras o sistemas computarizados,
sin el permiso por escrito del autor, excepto en el caso de
breves citas incorporadas en artículos críticos o en
revistas. Para obtener información diríjase a
Ediciones Universal.

Para Sebastián y Savannah,
a quienes siempre quisiera tener cerca.

«Todos los actos de su vida parecían haber sido escritos en el fondo arenoso de un río de aguas vagas y tenían el mismo sabor desolado de la arena».

Calvert Casey

I

Feliz, Rick Garza contemplaba la bahía desde el balcón de su apartamento. Ni un solo barco de gran porte se veía en ella; sólo yates. Pero la ciudad que la rodeaba no tenía necesidad de actividad portuaria. Era un sitio residencial, poblado de retirados ricos, con muchas casas de veraneo; en los últimos tiempos muchos ejecutivos jóvenes que trabajaban en lugares tan distantes como Washington y New York pasaban allí sus fines de semana. Era, además, una ciudad muy americana; todo lo contrario de Los Ángeles, donde él lidiara con la delincuencia de los guetos negros y chicanos hasta quedar absolutamente harto. Cuando obtuvo el puesto de *Sheriff* del condado de Sarasota se sintió en la gloria.

En la pequeña mesa del balcón, bajo un cenicero de cerámica que nadie utilizaba y ahora impedía que se la llevara el viento, estaba una carta de su amigo y colega Fernando Bachicao donde le comunicaba que lo habían trasladado a La Habana. A diferencia del traslado a Sarasota de Rick Garza, en el de Bachicao la felicidad estaba ausente. Aunque nacido y criado en la capital, prefería, con mucho, a Santiago de Cuba; si se marchaba a La Habana era, sin duda, por amor a su mujer, nombrada para un puesto importante en un sitio llamado Instituto de Medicina Legal. Sólo por ella había accedido a buscar él también un destino habanero.

El descontento de su amigo, más bien aquello que lo causaba, provocó un efecto contrario en el policía californiano. Con Bachicao en la capital y si lograba convencerlo para que participara, podría emprender una acción con la que soñaba cuando aún estaba en Los Ángeles.

«*Holy Shit!*», había dicho entonces en voz alta al leer el comunicado que informaba el aumento a dos millones de dólares de la recompensa por la captura de aquella mujer a la que odiaba sin conocerla. La odiaba siendo aún alumno de *High School,* cuando ya soñaba con ser policía y había aprendido a detestar a los delincuentes, especialmente a los que asesinaban *cops;* siendo él un niño, el padre de su mejor amigo había muerto a manos de un maleante borracho cuando entró a un *bar* estando fuera de servicio e intentara detener una trifulca. Años después, la *Black Panther* fugitiva se convirtió en el símbolo máximo del crimen enmascarado tras consignas políticas y raciales. Capturarla y al mismo tiempo hacerse rico le parecieron un colofón perfecto para su carrera policial. Una perfección inalcanzable: la mujer estaba en Cuba desde hacía décadas bajo la protección del gobierno.

El traslado a La Habana de Fernando Bachicao le hizo concebir lo que, cuenta se daba de ello, era una loca ilusión. Si Bachicao participara, entre los dos podrían intentarlo.

Algo en la carta de su amigo, un vago descontento, fue lo que le hizo concebir la idea. Bachicao no hubiese querido mudarse a La Habana, pero el disgusto que demostraba por su traslado a la capital le pareció excesivo; era demasiado disgusto para tan poca causa.

Rick Garza había estado dos veces en La Habana, una ciudad en ruinas, pero una gran ciudad. Santiago de Cuba, seguro estaba de ello, no podía ni comparársele. Se preguntaba si en aquel malestar podría esconderse un principio de rechazo al régimen.

Sus visitas a Cuba, hacía ya varios años, terminaron por dejarle un recuerdo amargo. Utilizar un pasaporte mexicano falso en su primer viaje había sido la única violación de la ley cometida en toda su vida y la cometió en complicidad tácita con las autoridades de un gobierno enemigo. Se reivindicó ante sí mismo en su segundo y último viaje, ya en la era de Obama. La oficina del *General Attorney* Eric Holder, siempre atenta a todo lo que pudiera implicar un acercamiento con el gobierno de Cuba, sabía de sus relaciones con un alto oficial cubano, y ordenó a la fiscalía de Los Ángeles que lo enviara a La Habana para investigar los antecedentes familiares de un balsero recién llegado, acusado de violación y asesinato.

Fue en esa ocasión cuando rechazó de manera tajante a un oficial de la Inteligencia castrista que intentó reclutarlo bajo chantaje. Por un momento pensó fingir que aceptaba y ofrecerle al *FBI* servir como agente doble, pero desechó inmediatamente la idea por temor a perjudicar a Fernando Bachicao. Entonces le dio rienda suelta a su disgusto, al punto de abandonar el español: ¡*When I say no I mean no, mister! Have a nice day.*

La furia que le provocó a Fernando el incidente volvió a su memoria. Si entonces era ya tan distinto de sus compañeros, ¿podría haber evolucionado hasta llegar a un total rechazo? ¿Cómo saberlo? Desde entonces no se habían vuelto a ver; su relación había sido exclusivamente epistolar.

Hombre práctico por naturaleza y profesión, desechó aquella esperanza tan falta de algo sólido que la sustentara. Tres meses después recibió otra carta de Bachicao: su esposa iba a pasar un año como profesora de la Universidad del Este, en Santo Domingo. «La peor gestión es la que no se hace», pensó en español. Quizás debiera ir a encontrarse con Carla Bachicao. Con Carla Valle, que en los países hispánicos las mujeres conservan su apellido. Rick no la conocía, pues en la época de su primer viaje a Cuba ella no había entrado aún en la vida de su amigo; el último apenas duró tres días y por entonces Carla estaba en Chile, participando en un evento científico.

A través de la *Internet* supo que la Universidad del Este no estaba en Santo Domingo, sino en San Pedro de Macorís. Por alguna razón para él desconocida, los cubanos siempre le llamaban «Santo Domingo» a la República Dominicana.

II

JoAnne se detuvo y miró hacia atrás. Estaba por lo menos a media milla de la costa, ochocientos metros según el Sistema Métrico Decimal que usaba aquella gente. Si el Catibo la viera le daría eso que los cubanos llaman «un Changó». No, no le daría nada. El dios africano quizás tuviera mal carácter, pero el Catibo era un hombre sereno; mucha violencia había habido en su vida, pero la serenidad nunca lo abandonaba. La regañaría, eso sí. Varias veces la había alertado contra sus excursiones natatorias mar afuera, que reflejaban inconscientemente su deseo de marcharse. Sonrió al recordar la vez que se apareció con un *CD* de *Jaws*, esa película de blancos y para blancos en las que sólo aparecían tres negros como extras, sumando apenas diez segundos en pantalla entre los tres. En las aguas que circundaban Cuba no había *great white sharks*, le había dicho ella, a esos tiburones no les gustaba el agua caliente. Ni falta que hacían, ripostó él; había otros para hacer el trabajo: *bull sharks, tiger sharks, makos, hammerheads*. Para completar el adoctrinamiento le contó la historia de una pareja de adolescentes que se alejaron de la costa en una balsa playera y desaparecieron. A los dos días el mar devolvió el cadáver de la muchacha. La autopsia determinó que había muerto por un infarto masivo. ¿Qué podía haber tan aterrador como para causar tal efecto en un corazón de quince años? Sólo un tiburón. Lo cierto es que, después de haber escapado de tantos peligros, era absurdo morir tragada por una bestia marina. No lo haría más, decidió, mientras nadaba hacia la costa.

Ya tenía más de sesenta años, pero estaba en magnífica forma. Todos los días caminaba desde su casa en Miramar hasta la costa del Monte Barreto, entre el Acuario y el hotel Comodoro, y luego nadaba y nadaba. Nadaba bien. Los negros no flotan, por eso no sirven para nadar, decían los cubanos. Lo cierto es que no sabía de ningún negro campeón de natación. Pero ella no quería ser campeona de nada, que los deportes nunca le interesaron. Nadaba porque le resultaba agradable y para mantenerse en forma. Quizás algún día necesitaría estarlo. No podía ni imaginar las circunstancias, pero mantenía la esperanza. No quería morir en aquella isla extraña en la que, contrario a lo que había imaginado, había demasiados blancos, en la que blancos eran los que mandaban. En los altos círculos del poder, los negros, siempre escasos, eran una especie en extinción. El difunto Almeida no había hecho otra cosa que coleccionar mujeres y componer cancioncitas estúpidas. Ahora sólo quedaba el tal Lazo, a quien llamaban *el Gorilazo, the big gorilla,* una de las tantas muestras del racismo de aquella gente.

Sentada en el arrecife miró hacia el mar. En la otra orilla estaban las costas de Louisiana, Alabama y Mississipi, la parte de su país que un día soñara convertir en una república de negros y para negros.

III

El Catibo le había recomendado mucho aquella película, elogiando su ritmo casi vertiginoso y la intensa actuación de Alain Delon, uno de sus actores favoritos; como no conocía la envidia, se permitía despreciar a los envidiosos, entre los que incluía a los detractores del actor francés, que atribuían su fama a la buena presencia que Dios le dio.

Ella no alcanzó a ver ni la primera secuencia. Al final de los créditos, una frase que apareció en la pantalla la sacó de quicio: «No hay soledad comparable a la del samurái, salvo la del tigre en la selva...Quizás».

—*Bullshit!* —dijo en voz alta.

Para soledad, la de la mujer negra, despreciada por negra y por mujer. Si lo sabría ella, que nunca había dejado de chocar con ese desprecio. Los negros, por quienes ella luchara y arriesgara su vida una y otra vez, y pasara una temporada en la cárcel y terminara en esta isla radicalmente extraña en la que parecía destinada a morir, esos mismos negros, sus *brothers*, soñaban despiertos con mujeres blancas, de preferencia rubias, y la tomaban a ella, a ellas, las negras, mientras ese sueño se materializaba.

No había quien les sacara de sus redondas cabezas que eran superiores sólo por el hecho de ser hombres, aunque nunca había conocido uno, uno solo entre los tantos con los que compartió asaltos y balaceras, que la superase en coraje y eficacia para la acción violenta. Pero cuando la acción terminaba y llegaba el reposo, *come on, woman, lets do it,* como si ella fuera un sedante, un tranquilizante. «El reposo del guerrero»: ¿Dónde había leído u escuchado esa frase? *Fuck off!* Que reposaran con la puta que los parió, o mejor aún, con los cabrones de sus padres, de quienes habían aprendido a abandonar a sus familias, a desentenderse de ellas, y que las madres o las abuelas se encargaran.

Uno de ellos se había atrevido a pegarle. Era un hombrón enorme, de 6,4 y 250 libras, y la bofetada la tiró al suelo. Se levantó y salió a la calle sin decir una palabra.

Transcurrió más de un mes. Ese día, esa noche, llegó al apartamento donde se escondían y allí estaba él, solo. Dormía. Lo golpeó en una rodilla con el cañón de la pistola. No fue un golpe fuerte; sólo quería despertarlo.

—*Turn around* —le dijo, apuntándole a la cabeza— *Now, let me see your black ass..., boy.*

Cuando el hombre estuvo boca abajo con las nalgas al aire, JoAnne enarboló el látigo que llevaba colgado al cuello y comenzó a golpearlo. Las cicatrices dejadas por los latigazos lo acompañarían toda su vida.

Iban por la Vía Blanca hacia Varadero. En la radio del auto, una emisora trasmitía música de antaño. JoAnne se había aficionado a la voz de Daniel Santos y al sonido de aquella banda cuyo nombre estaba prohibido mencionar. La pieza que interpretaban el puertorriqueño y la banda innombrable era un bolero en cuya última estrofa Daniel le anunciaba la desgracia a una mujer que se mostraba esquiva y desamorada:

> En tu carne llevarás
> la marca
> del dolor que no supiste comprender

El Catibo se volvió a mirarla, asombrado ante la súbita carcajada.
—La que sola se ríe, de sus maldades se acuerda.
—No fue maldad —contestó ella cuando ya no le quedó más risa— fue un acto de justicia.
—¿Justicia revolucionaria?
—Mas bien justicia femenina.

Se largó de los *Black Panthers*, pero en el *Black Liberation Army* encontró la misma arrogante actitud, aunque nadie se atrevió nunca a pegarle. En cuanto a los *Black Muslims*, mientras más lejos los tuviera, mejor. Aunque los entendía. Malcolm X decía que en el islam había descubierto «la religión natural del hombre negro».
—*Betcha!* —gritó a la casa vacía, al recordar las palabras del mulato pelirrojo.

Aquel *red,* que se derretía escribiendo sobre su puta blanca, «mi preciosa blanca», como la llamaba, comprendió que *El Corán* santificaba el trato despreciativo, abusivo, que se daba a las mujeres. Cuando leyó aquel libro «sagrado» comprendió que Malcolm X no era más que un hijo de puta.
—*Nothing but a son of a bicht* —dijo en voz alta.

En un arrebato de solitaria furia tomó el teléfono y marcó el número del Catibo.

—Dime.

—*Fuck the samurais, fuck the tigers, fuck Alain Delon and fuck you!*

No era lo único que hacía bien, pero la especialidad de aquel hombre era la diversión.

—Tú no me respetas —dijo— Tú nunca me has respetado.

Las palabras eran de reproche, pero el tono era inequívocamente burlón.

—*Respect my ass! Who are you? Don Corleone?*

Cuando él comenzó una de sus largas y tenues carcajadas, JoAnne colgó.

IV

Al pedirle Fernando investigar la muerte de su padre utilizó por primera vez una vía clandestina para comunicarse con él. Nunca lo había hecho antes en treinta años de comunicación epistolar y aquella anomalía reforzó su vaga esperanza. Primero llegó un sobre enviado desde Dallas; contenía sólo una foto en la que aparecían Fernando, Carla y una mujer. En el reverso de la foto, tres palabras: «Esta es Verónica». Pocos días después recibió una llamada en su celular.
—*Hello.*
— *Chief Garza?* —preguntó una voz femenina.
—*That's me.*
—Soy Verónica. ¿Recibió la foto?
—La recibí.
—¿Podríamos vernos el próximo sábado en el Museo Dalí de Saint Petersburg?
Rick Garza no lo pensó dos veces.
—Allí estaré —dijo.
—A las diez me encontrará, toda embelesada, delante de *La Font* ¿Conoce ese cuadro?
—No, pero lo conoceré antes del sábado. Estoy acostumbrado a averiguar cosas que ignoro.
—Bien. Me pondré el mismo vestido que llevo en la foto. Cualquier desencuentro, llámeme a este número.
—No lo habrá.

—*OK*. Hasta el sábado.

Garza se dirigió al balcón. La vista de la bahía siempre lo tranquilizaba. Aunque la excitación que le provocara la llamada de la desconocida no era en modo alguno desagradable.

V

Llegó con quince minutos de anticipación. Esperó en el carro hasta que fueron las diez. Entonces se dirigió al museo y buscó la sala donde sabía estaba expuesto el cuadro que Dalí, quien sabe por qué, había llamado con tan extraño nombre; extraño, porque en la reproducción que encontró Garza no se veía fuente alguna y «*Font*» significaba «fuente» en catalán. Esa lengua era para él desconocida, pero nunca dejaba de indagar cuando algo despertaba su curiosidad.

Allí estaba ella, con la misma falda larga color turquesa y la blusa blanca de la foto. Una esbelta y bonita mujer, de aspecto nada «latino». Aunque justo era decir que los cubanos no se distinguían por la «latinidad» de su apariencia. Tampoco él.

—Hola —dijo.

Ella no perdió tiempo. Tras una rápida mirada de reconocimiento, Verónica dijo:

—Su amigo quiere saber el nombre de la persona que supuestamente mató o hirió de muerte a su padre. Ese hombre y su mujer fueron baleados por el padre de Fernando; yo diría que asesinados. Fue en Nueva Orleans cuando el paso del ciclón Katrina. El hombre es un cubano, lo bastante conocido como para que la prensa se ocupara de su muerte. Lo que acabo de decirle es lo único que él sabe, lo único que le dijeron. Si averigua algo…

—Lo averiguaré.
Ella vaciló un instante. Luego dijo:
—Me encargó que le dijera que tuviera cuidado con la vía que utilizara para enviarle la información.
—¡Ah qué *pelao* tan atrevido, el Fernando ese! —dijo Garza con una sonrisa.
Ella sonrió a su vez y echó a andar hacia la sala contigua. Garza volvió su atención a *La Font*. «*This fellow was a hell of a painter*», pensó. Aunque en su pintura se hacía evidente lo *reloco* que estaba.
Desde lo alto de la escalera la vio. Un cruce de miradas fue suficiente: lo estaba esperando. Se hizo de un café, fue hacia la mesa que ella ocupaba y se sentó. Frente a él vio una tarjeta.
—Deme una suya —dijo ella.
Rick Garza sacó una tarjeta de su cartera y se la entregó. Ella la guardó después de comprobar que incluía un número de teléfono móvil.
—En el dorso están la dirección y el teléfono de Carla en San Pedro de Macorís. No vaya a verla hasta que yo le avise.
Evidentemente, estaba segura de que iría.
—Así se hará —contestó Garza. La observó a través del humo de su café —¿Puede adelantarme algo?
—Sí. Hay disgusto.
Rick Garza asintió repetidas veces.
—¿Mucho?
—Yo diría que sí.
—¿Él lo comparte?

—Es el disgusto de él al que me refiero; ella está disgustada desde hace mucho tiempo. Algo se ha roto. O está a punto de romperse.
Terminó su café y se puso de pie.
—Nos hablamos —dijo a modo de despedida.

VI

Rick Garza era un policía sagaz y experimentado. Por otra parte, los cubanos notorios no abundaban en New Orleans. No le llevó mucho tiempo identificar al hombre por el que se interesaba Bachicao y averiguar que su muerte no se debió al desastre causado por el ciclón. Una escopeta Remington con los cañones recortados y culata de pistola, dos casquillos calibre 12 y un revólver Smith & Wesson en cuyo tambor faltaba una bala, encontrados cerca de los cadáveres carbonizados, así como una pistola Beretta y dos casquillos cerca de donde debió estar la puerta de la habitación, evidenciaban que allí había ocurrido un intercambio de disparos. La autopsia confirmó que el periodista y la pintora dueños de la casa, ambos cubanos, habían sido asesinados y que las balas que acabaron con sus vidas provenían de la Beretta. En cuanto al dueño de la pistola, no tenía sentido que la hubiese dejado en el escenario del crimen. De acuerdo a la hipótesis de la policía, el asesino, herido por los proyectiles disparados por la *shotgun* o el Smith & Wesson o ambas armas, habría logrado llegar hasta la calle, donde su destino, ya fuera escape o muerte, era incierto.

En realidad, ya estaba muerto cuando el hombre al que debía asesinar llevó a rastras su cadáver hasta la calle antes de volver junto a su esposa y morir junto a ella; pero esos detalles eran tan imposibles de comprobar como irrelevantes para lo que Rick Garza buscaba.

La investigación lo llevó al disco duro de la computadora del hombre asesinado, conservado por la policía local; allí encontró tres mensajes de alerta enviado por alguien llamado José Volta. El único Volta de que tenía noticias era el científico italiano inventor de las pilas eléctricas y de cuyo nombre se originaba la unidad con que se mide la potencia de la electricidad. Con aquel apellido tan poco común le resultó fácil localizar al mensajero.

Miembro de la guerrilla de Fidel Castro, José Volta no tardó en oponérsele de manera violenta, lo cual le valió dos décadas de cárcel. Tras exiliarse, había aparentado volver al redil castrista. En realidad, había colaborado con la *CIA* como agente doble, colaboración que terminó cuando mató a alguien por un motivo personal durante uno de sus viajes a Cuba. Ahora vivía en Santo Domingo. En la mera capital, no en ningún pueblo de la República Dominicana.

En el disco duro había otro mensaje de advertencia, enviado por un profesor de la Universidad Sam Houston State, también cubano, también preso bajo Castro. Alquiló un auto y condujo trescientas millas hasta la pequeña ciudad texana de Huntsville para encontrarse con él.

El viaje valió la pena. El profesor había sido amigo del escritor asesinado y de su mujer, y pasado varios años en las prisiones castristas en compañía de José Volta.

VII

Cuando regresó a Sarasota ya sabía cómo darle a conocer a Bachicao el nombre de quien lo había convertido en huérfano por segunda vez. Compró un ejemplar de *The Old Man and the Sea* y marcó con *hiliter* amarillo un nombre que aparecía en la página 23. A modo de dedicatoria escribió: «Para que practiques tú inglés, que debe de estar todo dado a la chingada, nada mejor que esta novela cubana del gringo que era borracho, pendenciero y escritor». La última palabra de aquella parodia del *Corrido de Juan Charrasqueado* también estaba marcada en amarillo.

El coronel Bachicao leyó por segunda vez la breve novela de Ernest Hemingway. Había descifrado el mensaje en la primera lectura, pero quiso estar seguro: la profesión de Hemingway y el apellido del famoso jugador y *manager* de béisbol eran las únicas palabras que habían sido marcadas con un *hiliter* amarillo. Buscó en la pequeña biblioteca del Ministerio del Interior dedicada a autores contrarrevolucionarios y allí encontró el libro escrito por el hombre que había muerto a manos de su padre y que quizás lo había matado antes de morir

VIII

Dos antiguas y emblemáticas edificaciones habían marcado sus últimos años en Cuba. Un día, mientras vagabundeaba por la Habana Vieja entró en lo que parecía la imitación de un pequeño templo griego, levantado en el sitio donde se celebrara la misa fundacional de San Cristóbal de La Habana. En un mural que ocupaba toda la pared del fondo, entre los personajes que evidentemente eran los principales de la sociedad de la época, resaltaba un negro de vistoso uniforme y sable al cinto. Le recordó el personaje de una película de Quentin Tarantino, *Dyango Unchained*. Tarantino era un blanco arrastrado que se enorgullecía de que su madre hubiese sido una de las amantes ocasionales de Wilt Chamberlain y su Dyango era tan falso como un bolso de Gucci comprado en el *Chinatown* de Manhattan. Pero el negro del mural era alguien real.

—¿Quién es el negro del Templete?
—El negro del Templete... ¿Cuál negro?
—El que está en el mural.
—No sé. Nunca he entrado al Templete.

El Catibo no era dado al ditirambo; sin embargo, pretendía ignorar todo lo positivo ocurrido antes de la llegada al poder de Fidel Castro.

Ni siquiera tuvo que investigar, pues la respuesta llego sin que ella la buscara cuando se animó a leer *Cecilia Valdés*, la novela mayor del siglo XIX cubano. Allí estaba el negro que vestía uniforme de oficial y portaba sable en plena era esclavista: el capitán Tondá. En esa novela también aprendió que Cecilia, el paradigma nacional de la belleza y protagonista no sólo de la novela, sino de la más representada de las zarzuelas cubanas, era mulata.

Mulato era también Batista, el Presidente que Castro derrocara. Mulato era Maceo, reverenciado por blancos en vida y después de muerto. Aquellos mulatos, que en América hubiesen sido negros, aquellos negros que generales fueron cuando aún había esclavos, y aquellos otros que fueron senadores desde el principio de la República, no le debieron sus grados ni sus escaños a ningún Gran Jefe Blanco. Desde que se inauguró la República blancos y negros jugaron pelota juntos sin necesidad de un Branch Rickey ni de un Jackie Robinson.

Los criollos de origen español habían tratado a sus esclavos y luego a sus descendientes con menos crueldad que los anglosajones. No era por casualidad que los negros cubanos hubieran conservados sus creencias religiosas, creencias que a ella le parecían absurdas, pero no más que algunas sectas creadas por negros de habla inglesa. Absurdas o no, eran suyas, traídas del África, no impuestas por los blancos.

Fue entonces que un pensamiento vagamente herético pasó, fugaz, por su mente: «En aquel entonces quizás no hubiera querido irme de aquí». Que fuera fugaz lo provoco el recuerdo de la llamada «Guerrita de los Negros». En 1912, hacía 101 años, los cubanos blancos habían matado más negros en un mes que el Ku-Klux-Klan en un siglo. A veces benignos, otras implacables, los cubanos no eran gente de fiar.

El otro edificio, el que provocaría su intención de alejamiento, era muy distinto: de grandes dimensiones y aspecto no griego, sino más bien neoclásico, había sido levantado a fines de la tercera década republicana y su función no era en absoluto conmemorativa como la del Templete. Treinta años en La Habana y nunca había entrado en el Capitolio habanero, que le recordaba inevitablemente al de Washington. «Copiado piedra por piedra», había dicho o (lo que era peor aún) escrito Gabriel García Márquez. Lo recordaba cada vez que salía de la Habana Vieja por aquella calle de nombre tan curioso: Teniente Rey. Ella sabía de tenientes coroneles y tenientes generales, pero un teniente rey era algo más allá de su comprensión.

—*Bullshit!* —dijo un día en voz alta frente a la mole al recordar la absurda afirmación de García Márquez.

Eran del mismo estilo, fabricados con materiales similares, de parecidas dimensiones, pero en modo alguno iguales. Aquel colombiano, como muchos famosos, creía tener patente de corso para lo que el Catibo llamaba «el Delirio».

A JoAnne le parecía bello; más que bello, imponente. Sin embargo, nunca había entrado en él. Le parecía un disparate convertir en museo lo construido para un fin tan específico como era servir de sede a un

29

parlamento bicameral, un absurdo en el que era evidente la voluntad de Fidel Castro, su afán de borrar toda grandeza que en él no se originara. Ahora, con el cerebro nublado, una voz que no llegaba más allá del susurro y unas piernas que no lo sostenían, ni siquiera se enteraría de que aquel edificio al que odiaba porque nunca pudo hacer construir algo ni siquiera parecido estaba siendo restaurado para destinarlo a su antigua función, por cierto, excesiva para un cuerpo legislativo que sólo se reunía ocho días al año y cuya función era servir de coro a las decisiones de un gobierno militar.

IX

Las enormes puertas de bronce estaban cerradas. JoAnne sacó su móvil y marcó el número del Catibo.
—Dime.
—Ya estoy aquí.
—Bien.
Mientras esperaba que le abrieran se dedicó a examinar los bajorrelieves que cubrían la puerta. Representaban momentos importantes en la historia de aquella extraña isla. Sorprendida, notó que en uno de los paneles las figuras habían sido destruidas a golpes de martillo o de algún instrumento similar. Tendría que preguntarle al Catibo que significaba aquel estropicio.
La puerta se abrió. Un joven uniformado y armado con el inevitable Kaláshnikov la invitó a pasar con un gesto. Luego se marchó. Era evidente que las órdenes del Catibo eran de dejarla deambular sola.
JoAnne se vio ante la estatua de mayores dimensiones que hubiese visto nunca dentro de un edificio, mayor que la de Lincoln en Washington. Era una hermosa guerrera semidesnuda, tocada con un casco de modelo antiguo, de cuando el mundo ignoraba la existencia de Cuba; con la mano derecha sostenía una lanza y con la izquierda el abigarrado escudo cubano, ambos apoyados en el pedestal. La estatua era inmensa, desmesurada y sin embargo perfectamente integra-

da a la no menos inmensa cúpula que sobre ella se cernía.

«Son distintos», pensó. Pensaba en los cubanos. Contemplando la estatua que representaba a su república comprendió el porqué de su protagonismo como nación. Quién sabe a lo que hubieran llegado de no haberse puesto en manos de los que aquella negra loca llamara «el Comandante y sus secuaces». Ella estaba en el teatro que alguna vez fue el mayor del mundo cuando aquella *vedette* que ni cantaba ni bailaba, cuya verdadera profesión era la desfachatez, saludara la entrada de Fidel Castro y su séquito con aquella frase para la Historia.

Cuando se cansó de mirar hacia arriba echó andar por lo que el Catibo le dijo se llamaba el Salón de los Pasos Perdidos. «Inmenso»: comenzó a sentirse harta de aquella palabra. Y para pasos perdidos, los suyos. No la habían llevado a ningún lugar a donde hubiese querido ir.

Encontró una salida para escapar de la inmensidad. Conducía a un patio interior que por alguna razón le pareció desolado. Sin embargo, no estaba vacío. La estatua en bronce de un ser alado y desnudo parecía llamarla.

A diferencia de la mayoría de los escultores, el que la había creado no intentó minimizar el tamaño de los genitales masculinos, sino todo lo contrario; algo incongruente, porque los ángeles no tienen sexo. Y de un ángel se trataba, pues las grandes alas definían tal condición. Sin embargo, la expresión de su rostro no era en absoluto angelical y su actitud, el puño derecho

en alto, la mano izquierda sobre el pecho señalándose a sí mismo, expresaba desafío: el Ángel Rebelde.
«*It's looks like Satan*», pensó JoAnne.

Una estatua de Satanás representado en el momento de su rebeldía, escondida en un lugar céntrico y al mismo tiempo recóndito, en el edificio más emblemático de la ciudad y a doscientos metros de la de Martí. Seguramente estaba allí, sin que nadie notara su presencia y mucho menos lo que representaba, desde que se inauguró el Capitolio a finales de los años 20' del pasado siglo, poco después de nacer Fidel Castro, un sujeto sin duda satánico cuya ascensión al poder parecía anunciar aquella horrible escultura.

—*It sure is Satan!* dijo en voz alta.
—*Indeed*.

Se volvió. Tras ella estaba una mujer de mediana edad, finos rasgos y esbelta figura. Hubiese parecido una modelo... de haber modelos con unas piernas tan robustas. La contemplación de la estatua satánica le había impedido notar su presencia.

—*Who're you?*
—*I'm a journalist, Miss Shakur* —sacó de la cartera una credencial y se la presentó; luego dijo en español, un español de España, acompañando sus palabras con una grácil reverencia: —Soy Rocío Dumois, de *Le Monde*.

—¿Dumois? El apellido es francés, pero usted habla como una española.

—Española soy. El apellido es el de mi esposo. El que fue mi esposo.

JoAnne buscó en su memoria.

—¿Uno que estuvo aquí de corresponsal?

—Entonces no estábamos casados. Cuba lo fascinaba. Quizás fue por eso que el periódico me destinó aquí cuando lo mataron.
—En Somalia, ¿verdad?
—En Somalia.
—*Sorry* —dijo maquinalmente.
JoAnne la observo con detenimiento; ella soportó el escrutinio sin inmutarse.
—¿Cómo pudo entrar? Esto no está abierto al público.
—Le mostré al guardia una foto de Ulysses Grant —dijo la mujer con una leve sonrisa— Al parecer le gustó mucho, de modo que se la regalé.
—¡Cincuenta dólares! Tenía mucho interés en entrar.
—Tengo mucho interés en hablar con usted.
—Y bien, ¿qué desea?
—Entrevistarla.
—No doy entrevistas —por alguna razón, la hermosa mujer le inspiraba confianza; de la confianza surgió una idea —Aunque... podríamos hacer un trato.
—Usted dirá.
—¿Sabe nadar?
La mujer se echó a reír.
—Pues sí —dijo— Sé nadar.
Decidió tomarse dos días para considerar la idea que ella había provocado.
—Espéreme pasado mañana a las seis de la tarde en los arrecifes del Monte Barreto, cerca del Acuario. Nadaremos juntas, como en un encuentro fortuito. ¿Todo claro?

—Todo claro. Allí estaré.
—*I gotta go* —dijo en un murmullo mientras se alejaba.

No se despedía de la desconocida, sino que expresaba una decisión. Tenía que irse de aquel país enloquecido, condenado a vivir en la desgracia. Mientras caminaba presurosa por el Salón de los Pasos Perdidos recordó un cuento de Calvert Casey, un extraño escritor cubano de nombre irlandés nacido en Baltimore y muerto por su propia mano en Roma. *Homecoming*: en ese cuento estaba la clave; por debajo de la alegría de vivir, de la prosperidad, de la relativa benignidad racial se movía algo siniestro que terminaría por prevalecer. La estatua del Ángel Rebelde en aquel patio del Capitolio parecía anunciarlo.

Recordó algo más: «Rebelde» era una palabra recurrente en la retórica de Fidel Castro. Su guerrilla era la única en llamarse Ejército Rebelde; luego siguieron sus órganos de propaganda (*Radio Rebelde*, *Tele-Rebelde*, el diario *Juventud Rebelde*) para culminar con la proclamación del 26 de julio como el Día de la Rebeldía Nacional. Esa palabra era su sello; su marca de fábrica. Que su padre, explotador y matador de negros haitianos, se llamara Ángel, era como un guiño burlón del propio Lucifer.

X

La vio desde lejos. Estaba sentada donde comenzaba el arrecife. Ella también la había visto; se quitó los espejuelos oscuros y se puso de pie. Contempló un momento el horizonte, dándole tiempo a llegar y luego se encaminó hacia el agua. Llevaba unos pequeños zapatos de lona para protegerse los pies de las punzantes rocas. JoAnne llevaba unos iguales; los zapatos protectores le indicaron que la mujer conocía el lugar. Seguramente la había estado observando.

Puso en el suelo su bolsa playera a unos veinte metros de donde la otra había dejado sus cosas, se quitó la bata que la cubría y se lanzó al agua. Tardó más de diez minutos en llegar a donde la periodista nadaba perezosamente.

—Hola —dijo la mujer.

—Hola —contestó —Este es el trato —sin saber por qué, comenzó a tutearla— Quiero que le lleves una carta a Michelle Obama.

La mujer apretó los labios, reprimiendo una sonrisa.

—¿A Michelle Obama? Yo... ¿Cómo voy a llegar hasta ella?

—Ese es tu problema.

Esta vez ella no se guardó de reír.

—¡Que frase tan cubana!

—Hace treinta años que estoy aquí. Demasiados. Ahora quiero irme.
—¿Ella te ayudaría a salir?
—Quizás. Cuando esté allá, tendrás tu entrevista.
—¿Desde la cárcel?
—Desde donde sea. ¿Juegas?
La rapidez de su respuesta reforzó la confianza de JoAnne.
—Juego.
—Bien. Dentro de la trusa tengo una carta en un sobre plástico sellado. ¿Lista para tomarla?
—Lista.
—Ponla dentro de la tuya, donde menos se note. Creo que delante es el mejor lugar.
Con un rápido movimiento sacó el pequeño sobre y se lo entregó. Con igual rapidez, Rocío lo guardo donde ella dijo.
JoAnne comenzó a alejarse.
—¿Cómo sabrán que la carta es auténtica?
—En ella están mis huellas digitales impresas con tinta indeleble. Eso les bastará. Cuando salga, búscame. Te estaré esperando para tu entrevista. Adiós.
Nadó en dirección oeste, como si quisiera llegar hasta el hotel Comodoro. Al volverse para nadar de espaldas la vio salir del agua.
«Rocío», pensó, en un acceso de melancólica envidia. «A ese le encantaría mojarse en ti, como dijo el Indiana Jones dominicano». Así llamaba el Catibo a Juan Luis Guerra porque nunca se quitaba el sombrero o la gorra o lo que llevara en la cabeza.

XI

JoAnne colocó en la mesa la taza de café con la cantidad de azúcar que a él le gustaba. Luego se sirvió café americano y tomo asiento frente al hombre de uniforme.

«Ojos penetrantes»: esa frase, un lugar común, parecía hecha para describir los ojos del *Catibo*. «Los ojos pequeños y reidores de Pancho Villa» era otra frase que bien les venía, pero esa tenía autor conocido por ella, un biógrafo, por cierto hostil, del Che Guevara, aunque no podía recordar qué demonios hacía Pancho Villa en un libro sobre aquel argentino que había ido al África a dárselas de Tarzan entre los negros.

—¿Por qué los cubanos le dicen «Tarzán» a Tarzan? —preguntó de pronto.

El Catibo la miró asombrado y luego le dedicó una de sus breves carcajadas.

—Tú siempre te traes una bacteria.

Le llamaba «bacteria» a todo lo que le parecía irracional, disparatado o cualquiera otra variante del absurdo, y que era, además, recurrente.

—La mayor bacteria fue meterme en esta isla —ratonera— dijo ella.

El saboreó lentamente el café. Luego se arrellanó en la silla acolchada y dijo.

—Eso podría tener remedio.

—*Really?*

ASSATA SHAKUR EN LA ISLA DEL DIABLO

Antiguo Embajador en varias repúblicas caribeñas, el inglés del Catibo era muy bueno, aunque lo hablaba con un acento que le recordaba a Harry Belafonte cuando cantaba calipsos; a veces ella aprovechaba esa circunstancia para, decía, «descansar del español», que la tenía harta.

—*Yes, ma'm. You know something?* Estoy un poco cansado de ser pobre.

—*So?*

—Sucede que me acabo de enterar que hay dos millones de recompensa por tu captura. He pensado que quizás sería una buena idea entregarte. Creo que soy el único que podría hacerlo.

—*You don't tell me!* Y... ¿cómo lo harías?

Él entornó los ojos con aire soñador.

—Te daría algo para que parecieras borracha y no pudieras darme guerra. Luego te llevaría a la Marina Hemingway, tomaríamos un yate para dar una vuelta y no pararía hasta Cayo Hueso.

—Cayo Hueso... ¿El barrio donde está esa estatua tan fea del negro que fue general? Los blancos son tan racistas que se les nota hasta cuando le dedican un monumento a un negro.

—Más feo es el que Obama le hizo construir a Martin Luther King en Washington. En fin, volviendo al asunto: cuando digo Cayo Hueso hablo de Key West. Ya una vez hice ese viaje, hace veinte años, aunque entonces seguí hasta Miami. Fue cuando llevé a la mujer de Rafael Marqués y al hijo de quien lo tenía secuestrado en México.

—¿Así que fuiste tú?

—Fui yo. Bueno, pues llegaría a Key West, te entregaría, cobraría mis dos millones y me iría a Brasil, a la Triple Frontera. Tengo amigos allí. Ella asintió repetidamente mientras sonreía.
—Podrías hacerlo —dijo— Deberías hacerlo. Pero no lo harás.
—¿No? ¿Por qué estás tan segura?
—*Because you are a damn fool. A fucking asshole.* Un comemierda, como dice ustedes los cubanos. Entregarme sería traicionar a tus jefes blancos y tú no los vas a traicionar. Te sentirías perdido sin tus jefes blancos, eso que ustedes llaman «la Revolución». ¿No ves cómo están ahora los negros, protestando y quejándose de que los discriminan? Algunos hasta se meten a opositores. ¿Sabes por qué? Porque casi todos se quedaron aquí, fieles a su jefes blancos, y ahora están jodidos porque no tienen a nadie en Miami que les envíe dólares. ¿Alguna vez te hablé de Arteaga?
—Sé quién es. Hice que lo investigaran.
—Aquí investigan a todo el mundo. Se pasan la puta vida investigando. No investigan a Jesucristo porque no pueden dar con él. Pues ese Arteaga... Ese negro me gustaba. Estaba a punto de darle lo mejor de mí cuando se me ocurrió preguntarle si nunca había pensado en irse de aquí, en «irse del país», como dicen ustedes. ¿Sabes lo que me contestó?
—Ni idea —contestó *el Catibo*.
—«*Take a wild guess*», *said Marvin*.
—¿*Who*?
— Un personaje de *Midnight Run*.

—Parece que te gustó mucho esa película, a pesar de que sólo aparece un negro y de que siempre lo joden.
—No es cierto —dijo ella sonriendo— Al final gana; jode al *son of a bicht* a quien quería joder. Además, Alonzo Moseley es un negro que está al mando de un montón de blancos. «*He's the top nigger in charge*».
—¿Cómo se llamaba el actor? Tenía un nombre muy extraño, uno de esos nombres africanos que ustedes se inventan para sentirse *real blacks*.
—Kotto. Se llama Yaphet Kotto y no es un nombre inventado. Su padre era camerunés. Y yo no me cambié el nombre para sentirme *real black*. El que llevaba era el de un marido al que tuve que largar y el original el de un *lord* inglés... *who was a poet, but still a fucking lord*.
—¿Y lo de Yaphet? Parece un nombre judío.
—Es un nombre judío —dijo ella, ya exasperada— Dice que su familia son judíos africanos. *Who cares, anyway? Stop bothering me with the goddamned names, will you? Listen to me! Just listen to me!*
—*Yes, ma'am, whatever you say*.
—*Great!* Te estaba hablando de Arteaga ¿A que no te imaginas lo que me contestó cuando le pregunté si se iría? *OK*, no te canses —adoptó un tono profundo para imitar la voz masculina— «Los negros no traicionan», me dijo, muy solemne. Para entonces yo ya tenía las rodillas bastante separadas. Las volví a juntar.

La risa del Catibo fue la más prolongada de la noche. Cuando terminó de reír, adoptó una actitud meditativa.

—Dime: ¿por qué las juntaste con Arteaga y las separas conmigo? No me quejo; es sólo curiosidad.

Ella tomó un sorbo de café. El café de los americanos conservaba el calor mucho más tiempo que el de los cubanos.

—Porque tú al menos le has sacado partido a esta gente. Has cobrado por tus servicios. Buena casa, buen carro, buena ropa, buena comida y mejor bebida, viajes y más viajes, blancas y más blancas. Hasta embajador has sido. Tu vida ha sido una gran aventura. En cambio, el imbécil de Arteaga sólo tenía la satisfacción del deber cumplido, el haber servido fielmente a sus amos. A sus amos blancos.

—Entonces, ¿te sientes segura conmigo?

—*Absolutely*. No tienes que darme ninguna pócima. ¿Vamos?

—¿A dónde?

—A la Marina Hemingway. Tu bella isla me tiene hasta el útero, te lo juro. *By the way,* deberías darme parte de la recompensa. Me conformaría con el 20%.

El Catibo se puso de pie y se dirigió al cuarto principal de la casa.

—Mejor nos quedamos aquí.

Aunque la paciencia no estaba incluida entre sus virtudes ella esperó pacientemente a que se despertara. Cuando por fin abrió los ojos le preguntó sin preámbulos:

—¿Sabes lo que dijo Eldridge Cleaver?

—No —contestó él tras un largo y disfrutado bostezo— ¿Qué dijo ese negro atorrante?

—Atorrante... No conozco esa palabra. *What does it means?*
—Es de la jerga argentina, sumamente despectiva. «Negro atorrante» le llamó la prensa de Buenos Aires a Brindis de Salas cuando apareció muerto en la calle.
—*Amazing. And who was that Brindis... Whatever?*
—Un famoso violinista cubano del siglo XIX. Lo llamaban «el Paganini negro».
—A ti te deberían llamar «el Groucho Marx negro». ¿Vas a dejar que te diga lo que dijo Eldridge Cleaver? Antes de que me interrumpas otra vez te lo digo: «Mejor preso en América que libre en Cuba o en Argelia». *Back to USA,* lo pusieron libertad condicional *and that's it.* En vez de Cleaver debía llamarse Clever.
—Te diré: Llámalo Cleaver o Clever o como se te antoje, pero no era más que un tránsfuga; comenzó de *Black Phanter,* y terminó de mormón y republicano. Además, era un violador confeso, el casi seguro asesino del amante de su mujer y le daba durísimo al *crack.*
—*A charming gentleman, indeed.* Pero lo que dijo de Cuba y Argelia es cierto.
—¿Tenía muertos? No recuerdo. Tú sí los tienes. Uno de ellos un policía.
—Nada de «uno de ellos». Tienes los muertos que te pueden probar y a mí sólo me probaron ese. ¿Sabes cuánto hace que lo maté? Cuarenta años. En ese tiempo han pasado muchas cosas.

Tomó un cigarro y lo encendió; ordenaba sus ideas.

—¿Cuáles?
—Angela Davis —JoAnne hizo un gesto de hastío— ¡Qué latosos pueden ser ustedes! ¡Y qué mentirosos! La presentaban como una heroína y lo único que hizo fue entrar unas armas a la sala de corte donde iban a juzgar a su *lover* y a otros dos; cuando mataron al juez y a un *cop,* y luego los mataron a ellos la heroína se echó a correr y no paró hasta New York. Ni siquiera supo esconderse bien...
—Tu sí supiste.
—*Betcha!* Cinco años clandestina antes de venir para acá, algo que ella no supo hacer. La devolvieron a California, la juzgaron y... salió absuelta. *And what about O.J. Simpson?* Mata a su ex mujer, a «su preciosa blanca», y al *whitey* que se acostaba con ella, y luego, a correr por todos los *free ways* de L.A. Absuelto también. Angela y *O.J.* eran más culpables que Judas; pero los absolvieron porque eran negros. *And now, consider this*: ella nunca fue nadie; él, con todas sus hazañas de *running back* y sus películas, es menos importante que yo. Los negros me apoyarían masivamente, del *Black Caucus* a los reverendos. Y, por supuesto, muchos blancos de la *media*, la Academia y la farándula. *I'm Assata Shakur, damnit!*
—Modestia aparte —dijo el Catibo, con una sonrisa a punto de convertirse en risa.
—*To hell with the modesty!* Las cosas son como son. Y ahora viene lo mejor: Obama. Sin olvidar a Michelle.
Él prendió un cigarro. Fumador empedernido durante casi toda su vida, ahora sólo fumaba esporádicamente. Cuando lo hacía era porque algo había gol-

peado su sólida y natural impasibilidad. JoAnne se permitió una leve sonrisa.
—¿Crees que te indultaría?
—Sí. No inmediatamente, por supuesto. Me otorgaría un perdón presidencial al final de su mandato.
—Le quedan aún dos años. Casi tres.
—¿Qué son tres años?
—Tendrías que mantener buena conducta en la prisión. ¿Crees que puedas? Tienes un carácter muy jodido.
—Sería una santa. Santa JoAnne d'Arc.
El Catibo dio una larga calada a su cigarro. Luego intento hacer anillos con el humo. No lo consiguió.
—Tengo que irme, santa JoAnne.
Ella se echó a reír.
—Yo también.
Lo observó mientras se vestía. No lo amaba, pero siempre había estado a un paso de amarlo. Era el mejor hombre de todos los que habían pasado por su vida, el único que la había tratado bien.
Él le hizo un gesto de despedida.
—Terri.
Se llamaba Iván. Lo de «Terri» era por Iván *el Terrible*.
—¿Si?
—*Think about it.*
El Catibo echó a andar hacia la puerta. Antes de salir le escucho decir una de sus frases favoritas:
—¡Qué delirio!

XII

Alligator Alley. El Callejón de los Caimanes, tradujo instintivamente. Quizás alguna vez fuera un callejón, más bien una vereda; ahora era una autopista, la más aburrida que había recorrido en su vida. A un lado y otro el paisaje era siempre el mismo, milla tras milla de un inmenso humedal, una llanura herbácea y pantanosa. Los caimanes no se veían por ningún lado, pero estaban allí. Caimanes, cocodrilos, panteras (a las que en modo alguno se debía atropellar caso de que se atravesaran en el camino), osos negros, mapaches, todo un aviario y culebras, muchas culebras; todas las que quisieras.

Además de las mocasines y coralillos, ahora podían encontrarse pitones, las enormes serpientes llegadas del otro lado del mundo, compradas como mascotas por imbéciles, y llevadas a los pantanos y puestas en libertad cuando se convertían en seres aterradores cuya alimentación resultaba incosteable. ¿A quién se le podría ocurrir comprar algo así? «A los latinos», pensó. La conducta delictiva de mexicanos y salvadoreños en los barrios bajos de Los Ángeles lo había llevado a detestarlos. Llegó hasta pensar en cambiar de nombre, Heron en lugar de Garza. No lo hizo por respeto a la memoria de su padre; fue como si el viejo le dijera «No lo hagas, *güero*». Ahora que estaban lejos y no tenía que lidiar con ellos sentía que su hostilidad era menor y hasta utilizaba mexicanismos cuando hablaba en español consigo mismo (única oportunidad que tenía de hacerlo) para mantener su dominio del idioma.

Antes de entrar en los Everglades pensó detenerse en un Cracker Barrell. Le encantaban aquellos restaurantes rústicos de ambiente tan americano en los que se sentía a gusto, puesto a salvo de miradas hostiles por su piel blanca, su pelo rojizo y su hablar sin rastros de acento extranjero. Aunque tenía hambre, no se detuvo. Comería algo en el aeropuerto de Miami, donde debía pasar dos horas antes de abordar el avión que lo llevaría a la República Dominicana.

Carla Valle no era la única persona con la que debía encontrarse allí. Si el encuentro con ella resultase satisfactorio, debía buscar a alguien a quien tampoco conocía: un hombre ya viejo, de apellido italiano; o quizás portugués.

Tras el tedioso viaje a Miami, la espera de casi tres horas en el aeropuerto y las dos horas de vuelo las llenó con la lectura de un libro de Guillermo Cabrera Infante cuya portada y título llamaron su atención. Al llegar a Santo Domingo estaba demasiado cansado para hacer otra cosa que no fuera cenar y acostarse a dormir. Tomó una habitación en el viejo e historiado hotel Jaragua, se dio una ducha y pidió una cena ligera al servicio de habitaciones. Luego llamó a Carla.

—Aló.
—¿Doctora Valle?
—¿Sí?
—Humphrey Bogart.
Tras un momento de vacilación ella se echó a reír.

—Hola, Rick. ¿Cómo van las cosas en Casablanca?

—Mejor no podían estar. Nos vemos mañana cuando termine sus clases.

—Perfecto. Mi última clase es a...

—Yo sé a qué hora termina su última clase, doctora.

—Claro —dijo ella con sorna— Hasta mañana.

—Hasta mañana.

Antes de acostarse salió al balcón. Se preguntó si sería aquel donde el viejo matón vestido de negro al servicio de Michael Corleone había estrangulado a Jonny Ola.

XIII

Dedicó la mañana a deambular por la caótica capital dominicana. La Catedral y el llamado Alcázar de Colón le sorprendieron por su sencilla belleza, a pesar de estar acostumbrado a la majestuosidad de la arquitectura colonial mexicana. En cambio, el faro en forma de cruz yacente dedicado a la memoria del Descubridor le pareció el monumento más horrible que había visto en su vida. Le tomó varias fotos para enviárselas a Bachicao, que se quejaba del obelisco que se levantaba tras la estatua de Martí en La Habana y simpatizaba con la difunta Celia Sánchez, la escuálida amante de Fidel Castro, sólo por haber pensado en derrumbarlo.

En su largo paseo a pie lo que mayor sorpresa le causó fueron los balcones enrejados de los edificios multifamiliares. Hasta los situados en los piso quince y dieciséis tenían rejas.

«Aquí los ladrones son maromeros», pensó.

Al mediodía tomó un taxi para el aeropuerto, donde alquiló un auto. Pudo haberlo pedido desde el hotel, pero prefirió no correr riesgos con equipos de escucha. La precaución era sin duda paranoide, pero como decía aquel saxofonista cubano cuyo sonido tanto le gustaba, «a los paranoicos también nos persiguen».

Rick Garza atravesó con soberana indiferencia la pequeña ciudad llamada «la Tierra del Arcoíris» por los merengueros de antaño y quince minutos antes de que Carla terminara su última clase estacionó a media cuadra de la Escuela de Medicina. Ella iba a pie hasta el edificio dónde vivía. A la hora señalada la vio venir.

«Linda mujer», pensó. Ya lo había pensado antes. Ella vio la gorra roja con la A circundada por un halo colocada sobre el panel de instrumentos y la puerta del auto entreabierta. Sonrió.

—Hola —dijo, dejándose caer en el asiento del pasajero.

—Hasta que nos conocemos, doctora.

Ella le estrechó la mano con una cálida sonrisa. Los ojos se le achinaban al sonreír. Rick Garza recordó el disco con la ranchera *Ojitos chinitos* cantada por Fernando Fernández y Lupita Palomera que él le había regalado a Bachicao en los tiempos de Berkeley y comprendió porqué se había convertido en una especie de himno personal para su amigo.

Condujo el auto por la carretera junto a la costa hasta encontrar un restaurante que miraba al Caribe.

—No tengo hambre —dijo ella— Estoy nerviosa.

Pidieron *mofongo* para los dos y un par de Presidentes.

—Dicen que aquí, para presidentes, sólo la cerveza.

—Razón tienen —dijo ella.

Rick Garza permaneció callado mientras Carla ordenaba sus pensamientos. Al cabo, ella dijo:

—¿Y bien?

—¿Hay disgusto? —preguntó él, sin más preámbulos.
—Sí.
—¿Mucho?
—Mucho.
—¿Qué sucedió?

Ella tomó un bocado de la pasta de plátanos verdes mezclados con pequeños trozos de chicharrón y bebió un trago de la cerveza helada, «vestida de novia», como decían los dominicanos.

—Comenzó con el traslado a La Habana. Él ama a Santiago. A Santiago de Cuba, como dicen siempre los de allí. Lo que me ofrecieron en La Habana era demasiado bueno como para rechazarlo, y él...

Buscó la palabra adecuada para definir lo hecho por su marido. Rick Garza la encontró primero:

—Digamos que se sacrificó.
—Sí.
—¿Tanto le disgusta La Habana?
—No es que le disguste, aunque Santiago le gusta más. Es que Fernando es un policía nato. Lo suyo es la investigación criminal y en eso llegó a ser muy bueno. En La Habana no había lugar para él en el DTI, ya sabes, el departamento...
—Yo sé lo que es el DTI.
—Bien, pues en el DTI no había puesto disponible para alguien de su rango y lo situaron en la Dirección de Contra-Inteligencia. Se sintió frustrado. Luego, el intento de chantajearte empeoró las cosas. Pero lo más importante fue el libro.
—¿El libro del hombre que murió en New Orleans?

—Ese. El remate fue el libro, pero las cosas comenzaron mucho antes, cuando Fernando supo que su padre, que no era en realidad su padre biológico, había matado al que sí lo era.
—¡*Híjole*! ¿Y cómo lo supo?
Carla tomó un sorbo de cerveza antes de continuar.
—Estaba investigando la muerte de un hombre asesinado hacía mucho tiempo, treinta y tantos años, y la investigación lo llevó a saber que aquel muerto era su padre verdadero y que el asesino había sido el hombre al que siempre tuvo por padre. Los dos estaban en la Sierra Maestra con la tropa del Che Guevara y cuando los enviaron al llano a buscar no sé qué, creo que medicamentos para el asma del Che... Antonio Bachicao lo mató. ¿Recuerdas un examen de *ADN* que hiciste para Fernando?
Rick Garza asintió varias veces en silencio. Luego dijo:
—Ya. La falange que me entregó Fernando era del muerto y la sangre era la suya.
—Sí.
—¿Por qué lo mató?
—Para quedarse con la madre de Fernando, que ya estaba en estado cuando ellos, los dos, se fueron a la Sierra. Era una mujer bella. Muy bella. Tenía cerca de sesenta años cuando yo la conocí y todavía impresionaba. Me imagino cómo sería a los veinte. Antonio Bachicao se volvió loco por ella y...
—¿Fernando lo denunció?
—No. Sólo le dijo que sabía lo que él había hecho. Antonio se presentó ante sus jefes y confesó el cri-

men. Como castigo lo enviaron a Miami y allí estuvo, como dicen ellos, «congelado», hasta que le ordenaron matar al escritor y a su mujer.

Rick Garza contempló el azul Caribe mientras trataba de controlar su irritación.

—Conque castigado. Si algún día cometo un crimen, ojalá que me castiguen así; que me manden a Paris, o mejor a Madrid. O quizás a Buenos Aires; me gustan el tango y el asado de tira.

—No creas. Para él fue un castigo. En Cuba era un personaje. Nadie lo conocía fuera del mundo del espionaje y la subversión, pero en ese mundo subterráneo era «alguien». En Miami era un Don Nadie. Cuando le ordenaron matar al escritor debe de haberse sentido feliz: era el regreso. Pero esa muerte...

—Esas muertes. Mató también a la esposa.

—Exacto —hizo una pausa; una larga pausa— Yo... intente disculparlo. Disculpar al viejo Bachicao con el que, a pesar de todo, era su hijo. Le dije que todos los países usaban *hit men;* en fin, los países protagonistas. «Ahí tienes a James Bond, matando gente en nombre de Su Majestad la Reina», le dije. «James Bond no mata mujeres; tampoco mató a nadie por escribir un libro», me contestó.

—Ese hombre no sólo escribía.

—Ya sé. Secuestró a Rafael Marqués. Pero lo secuestró para canjearlo por su hijo, al que tenían retenido en Cuba después que a él lo dejaron ir; eso me lo dijo Fernando, que yo no lo sabía. En cuanto al libro... Creo que haberlo leído fue lo que provocó la ruptura. No quiso que yo lo leyera, pero él lo leyó tres veces. ¿Sabes lo que me dijo? Que no encontró un solo insulto contra Fidel; sólo hechos. Que todo lo que decía era cierto y que si lo publicó en otro país fue porque en Cuba no iba a poder publicarlo, y en cuanto a sacarlo de manera clandestina, no tenía otra posibilidad, y que a otro escritor que había hecho lo mismo antes, un tal Arenas, no lo mataron. «Por un libro no se mata a un ser humano», me dijo. Que se matara también a la mujer...; en fin, que su padre, el que lo crio, no era más que un asesino, y asesinos los que le ordenaban matar. Esa fue su conclusión.

Carla quedó en silencio, Como si se hubieran puesto de acuerdo sin palabras, ambos comenzaron a comer. Cuando terminaron, Rick Garza le hizo señas al camarero.

—Otras dos.

Quedaron en silencio. Cuando llegaron las cervezas, él dijo:

—Impactante historia la de Antonio Bachicao y la bella... ¿Cómo se llama esa Helena de Troya tropical?

—Se llamaba Alina. Nuestra hija también se llama así.

—Alina. Bonito nombre. En fin, ¿algo más?

—No.

—Fernando, ¿querría irse?

—Sí.

—¿Y tú?

—Hace años que quiero.

—Bien. ¿Sabes quién es Assata Shakur?

—Hay un *rapero*, Tupac Shakur...

—Tupac Shakur ya murió. Era sobrino suyo, aunque ese apellido es falso. Ella se llama JoAnne Chesimard y antes de Chesimard fue Byron. Es una terroris-

ta. Hace mucho tiempo asesinó a un *trooper* de New Jersey...
—¿Un qué?
—Un policía de la patrulla de caminos. La detuvieron, la condenaron a prisión perpetua sin posibilidad de indulto, pero se escapó y terminó en Cuba. Hay una recompensa por su captura: dos millones.
—¡Dos millones! ¿Es tan importante?
—Es uno de los diez delincuentes prófugos más buscados por el *FBI*.
Carla quedó en silencio. Él la dejó pensar. Cuando habló, su voz era un susurro apenas audible, como si temiera ser oída.
—¿Qué tiene que ver Fernando...?
—Entre Fernando y yo podemos echarle mano. Él la llevaría a algún punto de la costa y yo los recogería.
—Yo no puedo meter a mis hijos en esa aventura.
—Tú y tus hijos se irían de aquí, no de Cuba. Si puedes traerlos para que pasen unas vacaciones contigo, yo me encargaría de que alguien los llevara a Puerto Rico. Sería la parte más fácil. Si los pudieras traer en marzo o abril sería perfecto. El argumento sería que vieran las ballenas en la bahía de Samaná.
Carla miró hacia el mar.
—No sé.
—Piénsalo. Sería un millón para cada uno y la libertad. En el peor de los casos, si fallamos, sería la libertad para ti y para tus chamacos
—Pero... No puedo hablarle de algo así por teléfono a Fernando.
—Por supuesto que no. Tendrías que ir a Cuba para hablar con él. O, lo que sería mucho mejor, que

él viniera aquí a pasar un fin de semana contigo; por ejemplo, en Punta Cana. Nos reuniríamos allí. Sería lo ideal; si acepta, le daría todos los detalles del plan.

Ella volvió al silencio. El esperó que dijera lo que estaba seguro que diría:

—Tengo que pensarlo.

—Claro, Carla. Piénsalo. Cuando volvamos al carro te daré un teléfono satelital para ti y otro para Fernando, y el número al que puedes llamarme. También te daré un aparato para rastrear micrófonos ocultos.

—¿Ocultos dónde? ¿En el apartamento donde vivo?

—No. En el cuarto que ocupen en Punta Cana o donde sea que nos reunamos. Si él acepta venir.

—Aceptará.

Rick Garza reprimió una sonrisa, pero no pudo evitar decir lo que tenía en mente.

—En su lugar, yo también aceptaría.

Cuando llegaron frente al edificio donde vivía Carla, Garza dijo:

—Necesito una foto tuya. Es para el hombre que quizás se ocupe de llevarte a Puerto Rico.

XIV

La casa era pequeña. Grande y profusamente arbolado el terreno donde se levantaba. Estaba en las afueras de la capital dominicana, a orillas de la carretera que llevaba a San Cristóbal, el pueblo donde naciera Trujillo. No muy lejos de allí habían emboscado y asesinado al terrible dictador dominicano. Una pareja de boxers acudió cuando toco el timbre junto a la verja de entrada. La puerta de la casa se abrió y apareció una mujer de pequeña estatura y abundantes carnes. Era joven. Parecía tener menos de treinta años y, según los informes, José Volta estaba en la mitad de los 70. Miembro de la guerrilla de Fidel Castro cuando era un adolescente, habían transcurrido 55 años desde entonces.

—Hablé hace un rato con el señor Volta. Dijo que me iba a recibir.

—¿Rick Garza?

—Servidor.

Ella fue hasta verja y la abrió. A una breve orden suya los perros se replegaron.

—Venga —dijo la joven, y lo guió por un sendero embaldosado que rodeaba la casa.

«¡Ah qué viejo bandido», pensó Rick mientras observaba el airoso movimiento de aquellas robustas nalgas.

En el patio trasero, sentado ante una mesa metálica, con expresión abstraída, estaba José Volta. Al verlo se puso de pie y sonrió. Era un hombre de mediana estatura, corpulento y en buena forma. Su tez rubicunda parecía indicar que los ancestros italianos evidenciados en su apellido habían venido de Lombardía. Tras un silencioso estrechón de manos, Rick Garza sacó una foto de un bolsillo de su guayabera y se la tendió. La sonrisa de Volta se hizo más amplia.

—Buena compañía —dijo.

Garza y el profesor de Sam Houston State University sonreían a la cámara sentados a la mesa de un restaurante. Volta reconoció el lugar.

—Casa Tomás, ¿verdad? La mejor comida tex-mex.

Garza asintió.

Volta miró el envés de la foto. En él había un mensaje en el lenguaje carcelario que tanto disfrutaba el culto profesor:

«¿Qué *volaíta, asere*? El *acoy* es un *fiana* de Florida. Está investigando el *ñampe* de mi *ambia* y su *indumba* cuando lo de Katrina. Dale calor».

—Siéntese. Graciela —llamó.

La joven mujer contestó desde dentro de la casa:

—Si.

—Haz café, por favor —y volviéndose a Garza. ¿O prefiere un trago?

—A esta hora prefiero el café —contestó Garza.

—Bien. Vamos a complacer a mi compañero de galera. ¿En qué le puedo servir?

—Quiero que me ayude a llevar a tres personas a Puerto Rico.

Volta negó con la cabeza.

—No me dedico a eso.

—Pero puede sugerirme a alguien que sí se dedique.
—¿Quiénes son?
—Una médico y sus dos hijos. La nuera y los nietos del hombre que mató a quienes usted quiso salvar hace nueve años.
Volta lo observó atentamente.
—¿Cómo sabe usted que quise salvar a alguien?
—Mis colegas de New Orleans me mostraron el disco duro de la computadora a la que usted envió sus mensajes de alarma.
—Ya. Mensajes inútiles.
La mujer de Volta llegó con una bandeja en la que había dos tazas de café y una azucarera.
—Póngale el azúcar a su gusto —dijo.
—Sí, señora. Gracias.
Bebieron el café despacio. Entre sorbo y sorbo Volta preguntó:
—Dice Saumell que usted es policía en la Florida.
—En Sarasota —Garza sacó su placa y una tarjeta, y las colocó sobre la mesa— Soy el *Sheriff* del condado. No hace mucho que llegué allí. Antes trabajé en Los Ángeles.
Volta tomó la placa y la observó atentamente.
—Garza. Con ese apellido y hablando español debiera ser mexicano, pero no tiene aspecto de serlo. No hay muchos mexicanos pelirrojos.
—Sólo el Canelo Álvarez y una muchacha escritora que conocí en Mérida. No, en serio: mexicanos son mis padres. Yo soy americano.
José Volta le dedicó una sonrisa de complacencia.

—Americano parece. Y bien —bebió un último sorbo de su café— Creo que el asunto me interesa. Quizás yo mismo me encargue.

—Sería perfecto. Mientras menos gente tenga que tratar, mejor para mí.

Volta quedó en silencio. Rick Garza esperó. Una de sus especialidades era dejar pensar a la gente.

—Esa doctora, ¿qué hace aquí? ¿Escapó de Cuba?

—No. Dicta un curso en la universidad que está en San Pedro de Macorís.

—Ya. En la escuela de Medicina, por supuesto. He conocido a varios *Cubanamericans* que han estudiado ahí. ¿Los hijos están con ella?

—Están en Cuba. Vendrían durante sus vacaciones.

—¿Y por qué quiere irse? ¿Busca hacerse rica ejerciendo la Medicina en Estados Unidos?

—Supongo que la riqueza no le molestaría. Pero la causa principal son los asesinatos que cometió su suegro en New Orleans. Era un *hit man* de la tiranía.

—Esa fue una operación secreta. Ni la policía de Lousiana ni el *FBI* tienen la menor idea de quién los mató. Ni siquiera saben que fueron asesinados.

—Lo saben. Y ella también. Lo sabe por su marido; ya le dije que es la nuera del asesino.

—¿El asesino regreso a Cuba?

—Nunca más se supo de él. El escritor amigo de Saumell le obsequió algunas balas antes de morir. Al parecer, logró llegar hasta la calle, en la calle murió y la crecida se llevó el cadáver.

ASSATA SHAKUR EN LA ISLA DEL DIABLO

Caía la tarde, una tarde de lo que allí y en Cuba llamaban «invierno». Como muchos ancianos, Volta era cada vez más friolento.

—Graciela —llamó—Tráeme un *macfarlán* y un cognac.

Rick Garza esperaba un gabán, pero lo que trajo la joven mujer fue un *jacket* ligero, que le echó sobre los hombros, arropándolo. Ensimismado, el no pareció notarlo. Al cabo dijo:

—Por lo que veo, la doctora se le va a escapar no sólo a Fidel...

—Fidel ya ni se entera cuando alguien se le escapa. Está ido.

—Cierto. Al hermanito, entonces. Se le va a escapar a Raúl y de paso al marido.

—¿Al marido de Raúl?

La risa estentórea con que Volta celebró la humorada hizo que su mujer asomara la cabeza. Aunque su trato con cubanos había sido escaso, Garza sabía que el supuesto homosexualismo de Raúl Castro era un tema siempre bien recibido entre ellos.

—Al marido de la doctora fugitiva —dijo Volta cuando terminó de reír.

—Él no está incluido en la huida —contesto Rick Garza.

«*It was the truth, but not the whole truth*», pensó en inglés. No le gustaba mentir a personas que le agradaban, pero lo que hiciera Fernando Bachicao no era de la incumbencia de José Volta.

—¿Por qué no se queda a almorzar? Le diré a Graciela que haga un arroz con pollo a la chorrera. Lo recordará mientras viva.

«Si cocina como camina...», pensó Rick Garza; la frase se la había escuchado a Fernando.

Volta aspiró el aroma del brandy español. Luego de un sorbo, habló:

—Lo voy a hacer. Pero no los llevaré hasta Puerto Rico. Es demasiado riesgo. Los dejaré en La Mona y me encargaré de que el *Coastguard* los encuentre.

—¿La mona?

—Es una isla que está a mitad de camino entre Puerto Rico y la Dominicana. Es territorio americano. Al pisarlo, son eso que Clinton llamó «pies secos»; los propios americanos los llevarán a Puerto Rico. Yo los dejaría allí con una tienda de campaña de esas que se usan para *camping*, una pistola con dos o tres cargadores, varias bengalas para que llamen la atención de los del *Coastguard* y unos binoculares de visión nocturna para que los localice.

—¿Para qué la pistola? —pregunto Garza alarmado —¿Hay peligro en esa isla?

—No debe haberlo, pero por si lo hay —Volta quedó como sumido en sus recuerdos —Ya que no pude salvar a esa gente, la pareja de New Orleans, al menos puedo hacerles una pequeña jugada a quienes los mandaron a matar. Por cierto, hace tiempo que no les hago una a esos cabrones. Desde que maté a aquel fulano que chantajeaba a una amiga muy querida por mi...

Por alguna razón, Rick Garza intuyó que la amiga querida era la hermosa muchacha que vivía con él. Del bolsillo de la guayabera sacó otra foto: Carla de pie en el atrio de la Basílica de la Virgen de Altagracia.

—¿La doctora? —preguntó Volta.
Su sonrisa era inequívoca. Garza supo lo que estaba pensando. Era mejor así.
—Sí.
—El marido la va a echar de menos.
—Seguramente.

José Volta lo acompaño hasta el portillo.
—Mi foto —dijo entregándole un pequeño sobre.

Antes de poner el carro en movimiento, Rick Garza le escuchó decir una extraña palabra que acompañó al gesto de despedida.
—¡*Shambalajá*!

«¿Qué habrá dicho ese?», pensó.
Volta dio media vuelta y entró en la casa. Nunca explicaba el significado de lo que casi siempre era «hola» o «adiós»… y, a veces, grito de guerra.

XV

Rick golpeó cinco veces la puerta; luego de una breve pausa, golpeó dos veces más. Era una mentada de madre sin palabras, que él conservaba como parte de su herencia cultural mexicana. Significaba «Chin—ga'a—tu—ma—dre, ca—brón». A Fernando Bachicao se le había hecho familiar en forma de golpes, silbidos o toques de claxon.

—Ahí está Rick —dijo Fernando.

Abrió la puerta, Rick entró y se abrazaron sin decir palabra. Luego Rick besó a Carla en la mejilla. Aunque estaba seguro de que Fernando había rastreado la presencia de posibles aunque improbables micrófonos ocultos, preguntó, sin palabras, señalando las paredes del cuarto. Fernando respondió con el gesto con que los *umpires* del béisbol decretan que un corredor es *safe*. Sólo entonces hablaron.

—¿Un ron?

—Preferiría un whiskey.

Bachicao tomó el teléfono.

—Lo pediré. ¿*Scotch, bourbon*?

—*Forget it.* Venga el ron.

Carla tomó la iniciativa. Llenó tres vasos con hielo y escanció un ron dominicano color ámbar. Rick Garza alzó el suyo.

—*Salucita.*

Chocaron los vasos, bebieron y Bachicao entró en materia desplegando sobre la cama un mapa de La

Habana. Rick lo observó detenidamente. Mucha costa tenía aquella ciudad. Trató de ser parco. Le hubiera gustado hablar largo y tendido con su viejo amigo, pero mientras menos tiempo estuviera en aquella habitación, mejor. Recorrió con el índice la extensa línea costera y dijo:

—Debes escoger el punto que te parezca mejor. Yo me acercaría lo más posible a la costa en una lancha rápida, quince o veinte yardas, nadaría hasta la orilla donde dejaría una balsa inflable atada a una cuerda para remolcarla. Llegas, la subes, te subes tú, jalo la cuerda desde la lancha, la subimos, subes tú y... vámonos. Ahora, dime por donde debo llegar.

Bachicao señaló una pequeña cala cerca del extremo oeste de la ciudad.

—Aquí hay una playita llamada Viriato...

—¿Viriato? ¡Qué feo nombre para una playa!

—Las hay peores —dijo Carla— María la Gorda, Buey Vaca, Guarda la Vaca, El Chivo...

—En California, en México, en la Florida, todas las playas tienen nombres bonitos.

—Ya, ya, no divaguen. Viriato era la playa privada de un magnate que se llamaba así —continuó Fernando— Es un buen lugar para el acercamiento y no está lejos de donde ella vive, pero cerca de ahí, demasiado cerca, está la Marina Hemingway, donde atraca una lancha patrullera.

Garza observó detenidamente el mapa. Hacia el este, hasta llegar a la desembocadura de un río, toda la costa parecía estar urbanizada, con casas que se erguían muy cerca de la orilla. Más allá del rio, hasta el canal que daba entrada a la bahía, corría una avenida.

«El tan mentado Malecón», pensó. Al otro lado del canal había un largo tramo de costa sin urbanizar.
—¿Y aquí? —dijo, señalándolo en el mapa.
—No —contestó Bachicao— ¿Ves esto? Es el castillo de El Morro. Está en un promontorio y tiene un faro de por lo menos veinte metros de alto donde siempre hay un centinela.
Más allá comenzaban de nuevo las construcciones.
—La Habana del Este, ¿no?
—Ajá.
Siempre hacia el este comenzaba un nuevo espacio baldío, más extenso que el anterior. Rick Garza señaló una construcción en forma de óvalo
—Este es el estadio que construyeron para los Juegos Panamericanos, ¿verdad? Por aquí tampoco se podría. Imagínense que se les ocurra celebrar alguna competencia la noche en que tratemos de embarcar a la negra ¿*Ora*? ¿De qué se ríen?
—No va a haber competencia alguna —dijo Bachicao con una sonrisa que incluía pesadumbre— Está en ruinas.
—¿En ruinas? ¡Pero si lo construyeron a principios de los 90'!
—Esa gente son los mejores en eso de arruinar —dijo Carla, que había guardado silencio hasta entonces— Si quieres ruinas, búscalos a ellos.
—De todos modos, el camino disponible está lejos de la orilla. Sólo se acerca al entrar en Cojímar y ahí vive mucha gente.
—¿Qué tal la Playita de los Rusos en Alamar? —dijo ella— La calle pasa muy cerca de la orilla y no hay iluminación.

—Cerca hay una cárcel —dijo Bachicao.
—No tan cerca. Más de un kilómetro.
—De todos modos, no puede ser mucho más allá. Estamos hablando de una buena distancia desde donde ella vive.
—Si. Creo que sólo nos queda la costa de Celimar... que emite malas vibraciones.
Bachicao dejó de mirar el mapa y se volvió hacia ella.
—¿Por qué?
—¿No te acuerdas? Por ahí quiso salir Gustavo Arcos y terminó en la cárcel.
—¿Quién es ese? —preguntó Rick Garza.
—Uno que estuvo con Fidel cuando el asalto al cuartel Moncada.
—Estuvo con Fidel hasta que llegaron a la entrada del cuartel —dijo Carla en tono sarcástico— Gustavo Arcos entró y Fidel se quedó fuera, esperando el resultado.
Bachicao se inclinó hacia Garza y le dijo en un susurro, como para evitar que ella escuchase:
—Cada vez está más «gusana».
—No —dijo Carla— Siempre lo fui. Siempre fui lo que soy, pero tenía que fingir. Tú no fingías. Creías en esa basura.
—¡Paz! —dijo Garza abriendo los brazos— ¡Paz en la tierra! ¿Qué nos queda?
—Muy poco —contestó Bachicao— Más allá todo es playa, con una casa tras otra. Antiguas casas de veraneo, todas cerca de del agua. Celimar es el límite.
Rick Garza observó atentamente el mapa.

—¿Y por el oeste? Nos hemos ido alejando de su casa, no sé por qué.

—Será el atavismo de las 90 millas. Como su estuviéramos buscando el punto más cercano al lugar adonde iríamos.

—Vámonos al oeste, pues. La Habana casi termina después de la marina esa.

—Tienes razón —dijo Bachicao, algo mohíno. El *chicano* estaba demostrando una mayor capacidad de observación— Más allá sólo queda Santa Fe.

Garza pasó un dedo por el mapa.

—Esta carretera... Es la de El Mariel, ¿verdad? Pasa muy cerca de la costa.

De pronto, Bachicao recuperó animación.

—Aquí hay un aeropuerto para aviones pequeños —señaló— A mitad de camino entre este punto y El Mariel hay una pequeña caleta. Creo que sería el punto ideal.

Garza abrió la *laptop* que había traído consigo.

—Vamos a verla —dijo— Y de paso también la Playita de los Rusos y el lugar de mala onda.

Tras una hora de minuciosas observaciones se decidieron por la caleta junto a la autopista de El Mariel. Rick Garza cerró el ordenador portátil y entonó el primer verso de una vieja ranchera que le había escuchado cantar a su padre y que ellos mismos habían cantado hacía muchos años:

—«Esto merece un trago...»

—«Merece dos» —continuó Bachicao.

—«Merece muchos». ¿Qué más?

—«¡Verdad de Dios!»

—¡Cómo te acuerdas, hermano!

—Los buenos tiempos no se olvidan.
Carla volvió a llenar los vasos. Brindaron.
Bien —dijo ella— Ahora me toca a mí. Y a mis muchachos.
—Eso es mucho más simple y sin riesgos. Como tiene que ser.
Abrió de nuevo el *laptop,* hizo aparecer en la pantalla un mapa de la República Dominicana y puso el índice sobre la península de Samaná, el extremo oriental de la isla. Movió el dedo hacia el este para señalar la isla de La Mona.
—¿Ven? El trecho es corto. Menos de tres horas a veinte nudos.
—¿No los va a llevar a Puerto Rico?—pregunto Bachicao con un leve tono de alarma.
—Esa isla pertenece a Puerto Rico. O sea, que es territorio americano. Está deshabitada. El *Coastguard* merodea constantemente para evitar el flujo de dominicanos. Cuando veas uno, —dijo dirigiéndose a Carla— un guardacostas, no un dominicano, lanzas una bengala; Volta te dejará varias. Así se llama el que los llevará—dijo adelantándose a la inevitable pregunta.
—Volta ¡Qué apellido tan eléctrico!— dijo Carla con sorna.
—Ya es un viejo, pero tengo la impresión de que podría electrocutar a cualquiera. Lo que les decía; cuando vean la bengala los guardacostas irán por ti, por ustedes, pero les bastará identificarse como cubanos.
—¿Cómo voy a distinguirlos? Nunca he visto un guardacostas americano ni en películas.

—Son barcos de unos noventa pies de eslora, pintados de blanco y con una franja diagonal roja en cada costado. No hay pérdida.

—¿Y si aparecen dominicanos? —dijo ella con una leve sonrisa.

—Convéncelos para que no se les acerquen.

Carla la Madre preguntó, alarmada:

—¿Cómo los voy a convencer?

—Con una pistola que Volta te entregará ¿Acaso no has sido miliciana? Seguro que sabes disparar.

—Con AK-47. Nunca he tirado con pistola.

—La pistola sería para disuadir, no para matar.

Hubo un largo silencio. Rick Garza guardó silencio; esperaba una pregunta. Al cabo, Bachicao habló:

—¿Quién es ese Volta?

—Un ex guerrillero de Fidel que se rebeló y terminó en la cárcel, donde pasó veinte años. Tiene un muerto pendiente en Cuba. Cuando lo de tu padre en New Orleans trató de alertar al escritor. Si hubiera tenido éxito, quizás tu padre estaría vivo. Quizás.

—Garza sacó una foto del bolsillo de su camisa playera —*That's the man*, Carla. Tiene también una foto tuya, sabe tu dirección y tiene el número del satelital que te di. Te llamará.

En el anverso de la foto estaba escrita una extraña palabra. Bachicao la leyó en voz alta. Luego preguntó:

—¿Qué significa?

—No sé. Es la contraseña que usará cuando llame a Carla. ¿Alguna pregunta?

—Creo que no. Si luego se me ocurre alguna, ¿puedo llamarte?

—*Anytime*. Para eso son esos teléfonos. No los usen a no ser para llamarme. ¿Todo claro?
—Así parece —murmuró ella.
—Bien, ahora me toca a mí. Esa mujer, Shakur, ¿vive sola? ¿Alguien la controla o anda por su cuenta?
—Vive sola, en una casa de Miramar, un barrio elegante. Tiene libertad de movimientos. Recuerda que lleva más de treinta años en Cuba. La atiende un coronel del Ministerio; por cierto, un tipo de cuidado.
—¿La atiende?
—Vela por ella, se ocupa de sus necesidades; creo que de todas: tengo entendido que se acuestan, no sé con qué frecuencia; él es ya un hombre mayor. Ha estado mucho tiempo en el Aparato.
—El Aparato —repitió Garza con una sonrisa. Bachicao también sonrió— ¿Cómo se llama?
Bachicao dijo dos nombres y dos apellidos.
—Pero todos lo llaman el Catibo.
—¿El qué?
—El Catibo —repitió.
—Traduzca, tenga la bondad.
—Es una culebra de agua que vive en los pantanos costeros y en algunos ríos. Así le decían a un tío suyo, uno de los fundadores del Aparato. Él heredó el mote.
—¿Dices que es de cuidado? Tengo entendido que todos los coroneles del Ministerio ese son de cuidado. Yo conozco a uno y he oído hablar mucho de otro.
Bachicao sonrió de nuevo. Ella se mantuvo al margen, como abstraída.
—Tiene fama de tipo duro, astuto, frío. Además, una experiencia muy… ¿cómo te diré?, variada. Hasta embajador ha sido.

Rick Garza le dedicó un largo momento a su ron y a poner en orden sus pensamientos. Cuando habló, se dirigió a Carla.

—¿Lo conoces?

—Sólo lo vi una vez. Es un negro no muy prieto, bastante alto, en forma. Lo que más recuerdo son sus ojos. Unos ojos impresionantes, aunque no sabría decirte por qué.

—Ya. En fin, esperemos que el tal Catibo no se nos atraviese. Fernando...

—¿Sí?

—Si se atravesara y fuera necesario matarlo... ¿Lo matarías?

Fernando Bachicao asintió en silencio. Luego dijo:

—Si se atravesara tendría que matarlo. Aunque, de darse el caso, preferiría que fueras tú el que lo matara.

—¿Por qué?

—Son muchos años con ellos, Rick —murmuró— Toda mi vida. Eso deja huellas.

Rick Garza fue hasta la puerta corrediza que daba al balcón y contempló un rato el paisaje playero de Punta Cana.

—Bien —dijo sin volverse— Espero que no aparezca. Si se da el caso, yo me haré cargo. Y... hagamos como los militares y pongámosle un nombre a la operación. ¿Qué les parece La Noche del Catibo?

—Me parece bien —dijo Bachicao.

—A mí, no. Es como si lo estuviéramos convocando.

La reacción de Carla provocó un largo silencio. Rick no sentía un particular aprecio por eso que lla-

man «intuición femenina», pero supo que ella tenía razón.
—Ahora que lo dices, a mí también me da mala honda. Mejor nos dejamos de etiquetas, ¿no? Ahora dime, *manito*: ¿Que traes?
Bachicao hizo como si saborear el ron fuera lo que más le interesara en el mundo. Ordenaba sus pensamientos.
—Llegaré a la hora que acordemos. De uniforme. Listo para abrirme camino si no me deja entrar. Luego la dormiré con cloroformo.
—Eso me recuerda a Dollarhyde, el *serial killer* de *Red Dragon*.
—De él tomé la idea.
—Como se aprende en el cine, ¿verdad? —dijo Garza tras una breve carcajada.
—Tú lo has dicho. Ahora viene el gran problema. Lo ideal sería llevármela en su propio carro, pero vaya usted a saber dónde deja la llave. Si no está a la vista, tendré que llevarla en brazos hasta mi carro y si alguien nos ve las cosas se podrían complicar. Claro, el ir de uniforme me ayudaría, pero nunca se sabe; hay gente que siempre está ansiosa por informar sobre lo que ve. Cuba se ha convertido en un país de delatores.
—No podrías sacarla esposada.
—No. Tendría que parar en algún lugar oscuro para ponerle las esposas.
Quedaron en silencio. Al cabo, Garza dijo:
—Lo más razonable es no contar con que la llave esté a la vista.
—Eso creo. ¿Se les ocurre algo mejor?

—Carla, hecha un ovillo en el sofá, guardaba un medroso silencio.

—No —dijo Rick Garza— Esperemos que, si alguien te ve cargar con ella, se fije en tus estrellas de coronel.

—Amén —dijo Carla.

Quedaron en silencio. Fernando cavilaba. Rick esperaba el resultado de sus cavilaciones.

—Ustedes, los americanos lo llaman «un Estado policial», pero no creo que comprendan lo que eso significa. Cualquier imprevisto y nos hundimos. Lo que no puede fracasar es lo de Carla y los muchachos.

—No fracasará, *mano*. A menos que Diosito quiera que fracase.

XVI

Cuando respondió a la llamada en el teléfono satelital escuchó una voz que no era la de Rick.
—Carla.
Tardó un par de segundos en contestar.
—Sí —murmuró.
—*Shambalajá*. El hotel es el Príncipe Gayacoa. Hay dos habitaciones reservadas a su nombre. Salga temprano en la mañana, no después de las 9. Si nota que la siguen no se preocupe. Soy yo. ¿Todo claro?
—Sí.
—Hasta mañana.

XVII

—¡*Shambalajá*!
—Mami —dijo la niña. Durante la travesía, desde que salieron de la bahía de Samaná y dejaron de verse las ballenas, no había dicho una sola palabra.
—¿Sí?
—¿Qué dijo el viejo?
—¡Yo qué sé! Vamos a acomodarnos. Quizás tengamos que dormir aquí.

No durmieron. El motor del escampavías no era ruidoso, pero su sonido se dejó oír en el silencio de la noche marítima. Carla dirigió el visor nocturno hacia donde le pareció que provenía. Allí estaba. La franja diagonal pintada en un costado era claramente visible. Sacó una bengala de la mochila que le había dejado Volta y se dispuso a usarla.
—Déjame dispararla yo —dijo el muchacho.
—Está bien —dijo ella con una sonrisa.
La oscura noche quedó iluminada con el resplandor. Carla observó el escampavías a través del visor. Transcurrió un minuto. Dos. Tres.
—Dispara otra —le dijo al muchacho.
El guardacostas hizo un giro a estribor y se dirigió a la isla.
Antes de que llegara Carla llamo por el teléfono satelital.

—Sí —contestó Fernando.
—Ya están aquí.
—Bien. Recuerda tirar el teléfono.
Carla y sus hijos se acercaron a la orilla. Había cuatro hombres en el bote inflable. Uno de ellos los alumbró con una potente linterna.
—*Well, well. What do we have here? Dominicans? I don't think so.*
Carla recitó la frase que le había enseñado Rick Garza:
—*Cubans. My name is Carla Valle. I am a medical doctor. Those are my sons. My husband is a colonel...*
Iba decirle que en esos momentos estaba escapando de Cuba, pero cambió de idea. Uno de los guardacostas se dirigió a ella en español:
—Así que coronel. Pues su escapada le va a costar caro, ¿no le parece?
Antes de contestar, Carla le dirigió una de sus sonrisas de ojos achinados.
—Ya se las arreglará. Es muy hábil.
Al subir al escampavías el teléfono satelital se le escapó de las manos y cayó al agua.
—¡Ahora sí la hice!—rezongó.
—*What happened?* —preguntó, solícito, el capitán de la nave.
—*I dropped my phone.*
El americano sonrió.
—*No problem* —dijo —*You can get another one in San Juan.*

XVIII

Bachicao estacionó frente a la casa donde ella vivía. Conocía bien su ubicación y las características del barrio, pues había rondado por él varias veces. Oprimió el timbre y esperó. La puerta se entreabrió. Una cadena impedía que se abriera totalmente, pero él ya había previsto esa contingencia.

—Buenas noches, compañera Shakur —del bolsillo derecho de su guerrera extrajo su carné y lo puso ante los ojos de la mujer —Coronel Fernando Bachicao.

—¿Qué desea?

—Hablar un momento con usted. Permítame pasar.

—No necesita pasar. Ya estamos hablando.

Bachicao introdujo un pie entre la puerta y el marco, y con un rápido movimiento extrajo una cizalla de un bolsillo lateral y cortó la cadena limpiamente. Luego empujó la puerta y entró. Guardó la cizalla y de otro bolsillo sacó una bolsa de *nylon* que guardaba un paño empapado en cloroformo. Ella retrocedió. Vestía una amplia bata de casa blanca. No parecía asustada. De hecho, no lo estaba.

—¡Ya! —dijo— Vienes a secuestrarme, ¿verdad? Vienes por los dos millones. Pues guárdate ese trapo. Quiero irme de aquí. Estoy harta de este país y no me importa lo que me pase allá. Llévame.

Bachicao la contempló, desconcertado.

—¿Traes esposas? —extendió los brazos y le presentó las muñecas, juntas —Anda, pónmelas. ¿Qué esperas? ¡Espósame!
Él tomó las esposas y se las puso.
—¿Trabajas para el Catibo?
—No —contestó Bachicao, que sentía crecer su desconcierto.
—Pues vámonos antes de que aparezca.
Bachicao la tomó por un brazo e hizo además de dirigirse a la puerta
—Mejor vamos en mi carro.
—¿Por qué?
—Para salir desde el garaje. Si salgo a la calle esposada alguien puede vernos. Aquí nunca se sabe cuándo alguien te vigila —señaló un clavo junto a la puerta que daba al garaje— Ahí está la llave.
Entraron al garaje.
—Siéntese atrás —dijo Bachicao— Mejor acuéstese en el asiento.
Ella obedeció. Él puso en marcha el motor, escucho un momento tratando de detectar un posible desperfecto y comprobó el nivel de gasolina; luego accionó el control remoto que abría el garaje y salieron a la calle.
—Cierra el garaje —dijo ella.
Bachicao se volvió a mirarla. Estaba acostada de lado. Parecía sentirse cómoda.

Cinco minutos después llegó el Catibo. Sorprendido, contemplo el auto Lada con placa del Ministerio del Interior. Llamó a la jefatura, dio el número de la

placa y pregunto a quién pertenecía. En unos segundos llegó la respuesta.
—Coronel Fernando Bachicao, de la DGCI.
No tocó el timbre. Como siempre, entró en la casa utilizando su propia llave. Al abrir la puerta vio la cadena rota y percibió un olor extraño. La puerta que daba al garaje estaba abierta. El carro de JoAnne no estaba allí. Fue suficiente. Llamó de nuevo a la jefatura y pidió que lo rastrearan. Un dispositivo oculto instalado en el chasis permitía saber su ubicación.
—Quinta Avenida, rumbo oeste, llegando a Jaimanitas.
—Mantenga la comunicación —ordenó.

Rick Garza los recibió con una amplia sonrisa en la que asomaba cierta ferocidad.
—*Hi! Remenber me?*
—*Who are you?*
—*Officer Werner Foerster, New Jersey State Trooppers.*
La mención del hombre al que matará años atrás no la impresionó en absoluto.
—*Sorry. I can`t remember. Well, I'm Serena Williams. Glad to meet you.*
Antes de contestar, Rick encendió los potentes y silenciosos motores.
—Serena no vas a estar cuando te veas en el bote.
—Ya estoy en el bote, ¿no?
La carcajada de Rick Garza resonó en la noche. Ella ignoraba que «bote», en jerga mexicana, significaba «cárcel».
—Ese es otro bote, morena.

—¡Silencio! —dijo de pronto Bachicao— Ahí llega alguien.
Garza llevaba puesto sobre la cabeza el visor nocturno. Lo bajó hasta los ojos.
—Un tipo de uniforme. Un negro —agregó.
Bachicao tomó el otro visor y miró hacia la orilla.
—Es el Catibo.
Dos balas pasaron a poca distancia de sus cabezas.
—¡Toma el timón! —dijo Garza. Tomó un fusil R-15 que estaba junto a los mandos de la embarcación y ordenó —¡En zig-zag!
De la costa seguían llegando balas. Rick Garza apuntó hacia donde se originaban los fogonazos y disparó una ráfaga; luego otra.
—*I got him* —murmuró.
—¿Le diste?
—Cayó al suelo. Se mueve. Pero no se levanta.
Ella no había dicho una palabra desde que comenzó el intercambio de disparos. No diría palabra alguna. Agazapada junto al timón, cuando Garza anunció haber dado en el blanco se puso de pie y saltó sobre la borda.
—¿A dónde vas, desgraciada? —gritó Rick, y volviéndose hacia Bachicao: —¡Dame el timón!
La lancha comenzó a girar en círculos acercándose a la orilla. Algo de color claro resaltó en la oscuridad
—¡Ahí está! —gritó Bachicao.
Se equivocaba. Lo que flotaba en el agua era la bata que ella había llevado puesta. Se la había quitado para nadar con más libertad y para que su piel oscura le sirviera de camuflaje.

—Demonio de mujer —murmuró Bachicao al comprobar su error.
Se acercaban cada vez más a la orilla cuando estallaron las luces acompañadas de nuevos disparos. Eran al menos media docena de hombres armados con AK.
—Creo que mejor nos vamos —murmuró Garza cuando dos proyectiles impactaron el techo de plexiglass de la embarcación —No dispares o nos detectarán por los fogonazos.
—No pensaba disparar —contestó Bachicao.
Rick Garza puso a plena potencia los motores. La negra lancha salto hacia delante como un caballo de carreras cuando le abren el *gate*. De tierra continuaban disparando, pero más para orientar a posibles refuerzos con el ruido que con la esperanza de dar en el blanco.

Pasó más de una hora sin que cruzaran palabras. Toda su atención se dirigía a escrutar la oscuridad que los rodeaba y a mirar hacia lo alto en busca de una posible persecución aérea. Cuando ya estaban demasiado lejos de Cuba como para que pudieran interceptarlos Bachicao tomó el timón.
Poco después sonó el timbre del satelital. Era Carla. Al menos a ella todo le había salido bien. Su llamada alivió la tensión.

—¿Se habrá salvado esa condenada?
—Creo que sí —contestó Bachicao —Estábamos muy cerca de la orilla y ella nada bien.
—¿Cómo sabes que nada bien? Los negros no son buenos en eso de nadar.

—Dos veces la seguí hasta los arrecifes del Monte Barreto, un lugar de la costa cerca de su casa. Parece que iba allí muy a menudo. La observé con unos prismáticos y me pareció una buena nadadora.
—Pero estaba esposada.
—Con las manos por delante.
—Ya sé. Me pregunto por qué demonio no la esposaste con las manos atrás —dijo Garza sin poder disimular su irritación.
—Me tomó de sorpresa. Juntó las manos y me dijo que le pusiera las esposas. Es que..., con toda esta barahúnda no te he contado: quería irse.
—¿Cómo que quería irse?
—Quería irse. Me lo dijo. Me dijo que estaba harta de Cuba, que quería volver y que pasara lo que tuviera que pasar. Es más, me lo demostró. Cuando comprendió a lo que yo iba, y lo comprendió en seguida, no hizo la menor resistencia. Me puso las manos por delante para que la esposara, me dijo que mejor fuéramos en su carro para poder salir desde el garaje y que nadie nos viera. Se subió al bote por su cuenta. Todo fue bien hasta que tumbaste al Catibo. Parece que es su hombre. O lo era. Me pregunto si estará vivo.
—Como dijo Rhett Buttler: *Frankly, my dear, I don't give a shit.*
Aunque la alegría no estaba a su alcance en ese momento, Bachicao se permitió una leve risa.
—¿Rhett Butler dijo eso?
—Más o menos. Así que enamoradita, la canija vieja. ¡Uh que el amor, carajo! ¿Y cómo supo el pinche Catibo a dónde se dirigían?

—No sé. Lo único que se me ocurre es que el carro de ella tenía instalado un dispositivo de localización.
—¿Y eso que? Por lo que sé, ella andaba por La Habana como Pedro por su casa. ¿Por qué no podía salir de noche a pasear por ahí?
—Te digo que no lo sé. Algo alertó al Catibo. Quizás fue a la casa, algo lo puso sobre aviso y ordeno que localizaran el carro. Creo que me equivoqué al tomarlo. ¿Sabes una cosa? No soy bueno para esto. Lo mío es investigar acciones contra la ley, no ejecutarlas. En fin, amigo Rick: creo que te jodí un millón de dólares.

Rick Garza le echó un brazo sobre los hombros.
—En todo caso, tú también perdiste tu millón.
—Pero gané la libertad para mi familia. Para ti todo ha sido pérdida.

Rick le tomó la cabeza y lo obligó a mirarlo.
—Si ella está viva, todavía tenemos una opción.
—¿Cuál?
—El Rufo del gorro de astrakán.
—El rufo del gorro de astrakán...
—¡*Órale*! ¿No sabes quién es? ¡Pero si fue tu jefe! Guillermo Cabrera Infante le colgó ese mote cuando lo conoció en 1959. ¿No has leído *Cuerpos divinos*? —ante la mirada de asombro de Bachicao, agregó:
—Leí ese libro cuando fui a encontrarme con Carla; siempre leo en los aeropuertos y en los aviones.

Bachicao sonrió.
—No, no he leído *Cuerpos divinos* —dijo— Pero ya sé de quién me hablas, aunque nunca fue mi jefe. Ya no estaba en el Ministerio cuando yo ingresé. Según me contó mi padre, le decían *el Cosaco Loco* ¿Qué hay con él?

—¿Qué hay con él? Te diré lo qué hay con él: Por un colega de Tampa, uno del *FBI,* supe que tiene un hijo viviendo allí; un hijo al que parece querer mucho, al que llama con mucha frecuencia. Podríamos secuestrarlo y negociar un canje.

Fernando Bachicao contempló la absoluta negrura que los rodeaba, la que les había permitido escapar, aunque con las manos vacías.

—Rick Garza, caray —dijo por fin— Tú nunca te rindes.

—Pues la mera verdad, no. Nunca. Rendirse no sirve de nada.

De pronto, rompió a cantar. Era una ranchera de tiempos de Jorge Negrete. La letra era un canto a sí mismo que ni Walt Whitman, y en ella resaltaba un profundo desdén ante la adversidad.

Yo soy mexicanooo
De *naiden* me fío
Y, como Cuauhtémoc,
Cuando estoy sufriendo,
Antes de rajarme,
Me aguanto y me río

La vieja canción expresaba su estado de ánimo y su carácter, pero Rick Garza estaba lejos de ser un Jorge Negrete.

—Me has hecho recordar a Homero —dijo Bachicao con una sonrisa.

Garza, que se disponía a atacar la siguiente estrofa, detuvo su cantar.

—Cantó como las sirenas de *La Odisea*. ¿A poco no?

—Ese es otro Homero. El que yo digo era mi chofer en Santiago de Cuba. Íbamos para un pueblo llamado Alto Songo a investigar un asesinato. En el caso había indicios de brujería, así que le pedí a un amigo que sabía mucho de esas cosas que me acompañara. El hombre llevaba consigo un *CD player* y se le ocurrió escuchar un disco de Trinidad Torregrosa...

—¡Voy con el nombrecito! ¿Quién es ella?

—Él. Uno que se dedica a interpretar cantos rituales africanos. Homero soportó dos cantos; cuando comenzó el tercero no pudo más: «¡La voz de ese tipo me da ganas de jiñar!»

—Está bien, hermano —dijo Garza adoptando un aire de orgullo herido— Capto la indirecta.

—Tú siempre me comprendes. Ahora dime: ¿de veras piensas secuestrar al hijo del *Cosaco Loco*?

—Tranquilo, Bachicao. No voy a secuestrar a nadie; no en territorio americano, violando la ley americana. *I'm a cop*. En territorio enemigo secuestro si tengo que secuestrar, mato si tengo que matar. No en América.

—Y lo que hicimos, ¿no podrían considerarlo un delito? No es lo mismo matar por orden de un gobierno que hacerlo por tu cuenta.

—Dame el timón. Se te ve cansado.

Los dos hombres callaron. Durante un rato sólo se escuchó el golpe del agua contra el casco de la embarcación.

—Si el Catibo está muerto, ¿crees que esa gente arme lío por él?

Bachicao tardó en contestar. Al cabo dijo:
—No. Ellos no pueden admitir que alguien penetró en su territorio y mató a un coronel del Ministerio del Interior.
—De acuerdo. En cuanto a los de acá, no pueden procesar a alguien por intentar capturar a un convicto prófugo que está entre los diez más buscados y por cuya captura se ofrecen dos millones. Aunque teniendo en cuenta que tenemos a un hijo de la chingada de *Attorney General*... en fin, que ya pensé en eso. Un abogado de Tampa que vive en Sarasota, paisano tuyo, está listo para el contraataque. El hombre está muy motivado por los diecisiete años que estuvo preso allá. Por cierto, se va a encargar de presentarte ante el *FBI*.
—Poco les podré dar —dijo Bachicao con aire taciturno— Apenas estuve un año en la Contra-Inteligencia.
—Da lo que tengas. Háblale de New Orleans cuando Katrina. Eso sí, no te guardes nada ni trates de engañarlos. Sólo se puede servir a una bandera, y la nuestra es la mejor ¿Sabes, *mano*? Te veo atormentadote.
—Sí. Ya tengo 53 años. Quizás estoy demasiado viejo para comenzar todo de nuevo.
—¿Qué pasa, *hombré*? No se me *achicopale*. Hablas inglés, tienes un *Master* en Berkeley y tu mujer es médico. ¿Y yo qué? ¿Somos o no somos? ¿Acaso no fui yo quien te metió en esto? Hasta el abogado, que no te conoce, pero que está entusiasmado con tu historia, va a echar rodilla en tierra por ti —tras una pausa, agregó: —Y por mí, que los de Holder seguro me van a acusar de tráfico humano. Pero él les dará una paliza

en la corte y se llenará los bolsillos de gloria, aunque no de dinero, que ni falta le hace —algo vino a su memoria que lo hizo reír— Ah que tipo loco, el abogado ese. Quería venir conmigo. Con lo viejo que está y todavía sueña con darle guerra a esa gente. Por fin se conformó con prestarme su bote. Y mandarlo a pintar de negro para la operación.

—¿Es de él? Creía que era tuyo.

—Ni hablar. Este bote vale miles de dólares. Yo no gano para eso —tras lo que pareció ser una pausa meditativa, Rick dijo: —¿Sabes qué? Tan pronto lleguemos llamo a Marino...

—¿El *quarterback* que era mejor que Joe Montana? —le interrumpió Bachicao con sorna; desde sus años universitarios Rick Garza era un fiel seguidor del equipo de *football* de San Francisco.

—Nadie ha sido mejor que Montana —replicó Garza —Hablo de Peter Marino, un policía que yo conozco. Le pediré que le concerté una entrevista a Carla con la Dra. Skarpetta.

—¿Quién es?

—¿Kay Skarpetta? Es la médico forense más famosa del país —de pronto se echó a reír— Te estoy vacilando. Marino y Skarpetta no existen; son personajes de Patricia Cornwell, una novelista que me gusta mucho.

Aunque sus pensamientos transitaran por lugares lejanos, Bachicao notó la disminución en la potencia de los motores.

—¿Qué pasa? —preguntó.

ASSATA SHAKUR EN LA ISLA DEL DIABLO

—Nada —contestó Garza con aires despreocupado— ¿Qué va a pasar?
—¿Por qué has puesto los motores en ralentí?
—Para ahorrar gasolina. No quiero quedarme al garete.
—¿Nos alcanzará para llegar?
—Sí, pero mejor no arriesgarse. Son más de cien millas náuticas.
—¿Y si no alcanzara?
—Tranquilo, coronel. Confía en tu viejo amigo de Berkeley.

Quedaron en silencio, roto al poco tiempo por el timbre del teléfono satelital. Rick Garza contestó a la mexicana:
—¿Bueno?

Una alegre voz resonó en la noche marina.
—¡Mi socio! ¿En qué andas?
—Cruzando la mar serena.
—¿Todo bien?
—Podríamos estar mejor. Podríamos —repitió para dar a entender que no estaba solo.

Tras un momento de silencio, la voz dijo:
—¿Cuándo nos damos un trago?
—¿Por qué no te llegas a Naples? Digo, si no tienes nada mejor que hacer.
—Buena idea. Nos vemos en Naples.

Rick Garza encendió las luces posicionales de la embarcación, que iluminaron la cerrada negrura que los rodeaba. Enseguida lo pensó mejor y las apagó. No quería encontrarse con los guardacostas. Observó el nivel del combustible y decidió acelerar de nuevo.

—El abogado viene a recogernos. Ya estamos como quien dice en *USA*. En *America the Beautiful*. América —repitió aquella palabra como si la saboreara— Un país a donde nunca se es demasiado viejo para llegar, amigo Fernando. Un país donde hay un lugar para todos. Incluso para los que no lo merecen. Y ese no es tu caso; ni el de tu mujer. En cuando a tu bella isla, todo parece indicar que se la llevó el diablo. Yo que tú, la borraba.

XIX

—¿Son como en las películas? —susurró Carla.
—¿Qué cosa?
—Los juicios.
Rick Garza sonrió largamente antes de contestar.
—Sí. Como en las películas.
—Creo que la pasaré en grande. ¿Recuerdas el de George C. Scott contra James Stewart en...?
—*Anatomy of a Murder*. Esa es de cuando yo no había nacido.
—¿Y la de Tom Cruise contra Kevin Bacon? ¿Y la de Richard Gere contra Laura Linney?
—Ahorita aparece Atticus Finch. Pero no te entusiasmes demasiado. Es posible que el fiscal retire los cargos.
—¿Por qué?
—*All right!*
A la orden del alguacil de la corte todos se pusieron de pie. Una puerta situada al fondo se abrió se abrió y la jueza, un robusta rubia de mediana edad, entró en la sala y ocupó su lugar en el estrado.
—Eso me gusta —murmuró Carla— Lo he visto varias veces en el cine y siempre me gusta.
Fernando, que no había dicho una palabra desde que entraron a la sala de corte, la llamó al orden.
—Ssss.

La jueza observó atentamente a Rick Garza que soportó impasible el escrutinio. Luego le ordenó acercarse al estrado. El abogado se situó junto a él. La lectura del acta acusatoria fue breve. Incluía dos delitos. El primero era la violación de la Ley de Neutralidad por entrar en territorio de otro país con el propósito, consumado, de realizar actos violentos. El otro, tráfico humano.

Lo de la violenta incursión en el territorio castrista no podía ser comprobado, pues en La Habana, tal como pronosticara Bachicao, no se había publicado una palabra sobre ella y sus posibles víctimas. Pero el abogado insistió en que hablara de ello al presentarlo a las autoridades para obligar a la fiscalía a incluirla en el acta de acusación. Quería convertir el juicio en una batalla política e intentar sabotear con ella las conversaciones secretas con La Habana, que, según rumores bien fundados, se llevaban a cabo. El fiscal trató de evadir la trampa y ofreció un arreglo extra—judicial, que él rechazó acompañando el rechazo con una sonrisa de sus ojos gatunos.

Terminada la lectura, la jueza dedicó un momento a la contemplación de aquel extraño ejemplar de chicano que más bien parecía irlandés o escocés. Al cabo, hizo la pregunta de rigor:
—*Mr. Garza, are you guilty or not guilty?*
Tal como le instruyera el abogado, Rick Garza tardó unos instantes en contestar.
—*Not guilty, your Honor.*

www.ingramcontent.com/pod-product-compliance
Lightning Source LLC
Chambersburg PA
CBHW052109070526
44584CB00017B/2412